ADAC
Reiseführer

Ha

Goslar Halberstadt Q

von Ax… …nck

Intro

Harz Impressionen 6

Sagenhafte Gebirgslandschaft im Herzen Deutschlands

Geschichte, Kunst, Kultur im Überblick 12

Kernland kaiserlicher Macht und Zentrum des mittelalterlichen Bergbaus

Unterwegs

Der Nordharz - zu Gast in kaiserlichen Städten 18

1 Goslar 18
2 Seesen 29
3 Vienenburg 32
4 Osterwieck 32
5 Bad Harzburg 33
6 Ilsenburg 36
7 Wernigerode 39
8 Halberstadt 44
9 Quedlinburg 49

Unterharz und Südharz – die sanfte Seite des Mittelgebirges 57

10 Blankenburg 57
11 Rübeland 60
12 Stiege 62
13 Thale 64
14 Gernrode 67
15 Ballenstedt 70
16 Harzgerode 71
17 Stolberg 74
18 Nordhausen 77
19 Sangerhausen 79
20 Lutherstadt Eisleben 82
21 Hettstedt 85

Oberharz und südliches Vorland – Gipfelglück und Bergbaustädtchen 86

22 Schierke 86
23 Brocken 88
24 Braunlage 91
25 Sankt Andreasberg 93
26 Altenau 95
27 Clausthal-Zellerfeld 98
28 Hahnenklee 102
29 Wildemann 104
30 Bad Grund 106
31 Osterode 108
32 Herzberg 111
33 Scharzfeld 112
34 Bad Lauterberg 113
35 Bad Sachsa 114
36 Walkenried 115
37 Benneckenstein 117

Westliches Harzvorland – an der Wiege Niedersachsen 121

38 Bad Gandersheim 121
39 Northeim 123
40 Duderstadt 124

Harz – die schönsten Autotouren

Quer durch den Harz:
Von Goslar zum Kyffhäuser 118
Zu den Zeugen des Mittelalters 126

Harz Kaleidoskop

1000 Jahre Bergbau 28
Der Schlangenbändiger 31
Auf den Spuren eines Dichters 37
Hörst Du, wie die Zeit vergeht? 48
Gott zum Lob, den Kaisern zur Ehr':
Die Architektur der Romanik 54
Des Teufels Jähzorn 60
Ein Leben für die Kohle 63
Wanderparadies Harz 66

Volle Kraft auf schmaler Spur 69
Leiden unter Tage: das Konzentrationslager Mittelbau-Dora 79
Beim schlafenden Kaiser: das Kyffhäuser Gebirge 81
Luther und Müntzer – Gegenspieler während der Reformation 84
Wenn die Hexen tanzen 90
Zurück zur Natur: der Nationalpark Harz 92
Am wilden Fluss 96
Märchenhafter Harz 133

Karten und Pläne

Harz
vordere und hintere Umschlagklappe
Goslar 20
Wernigerode 42
Halberstadt 46
Quedlinburg 53
Nordhausen 77
Clausthal-Zellerfeld 99
Osterode 110

Service

Harz aktuell von A bis Z 129

Vor Reiseantritt 129
Allgemeine Informationen 129
Anreise 129
Bank, Post, Telefon 130
Behinderte 130
Einkaufen 130
Essen und Trinken 131
Feste und Feiern 132
Kinder 134
Klima und Reisezeit 135
Kultur live 135
Kuren 136
Sport 136
Statistik 138
Unterkunft 139
Verkehrsmittel im Land 139

Register 141

Impressum 143
Bildnachweis 143

Leserforum

Die Meinung unserer Leserinnen und Leser ist wichtig, daher freuen wir uns von Ihnen zu hören. Wenn Ihnen dieser Reiseführer gefällt, wenn Sie Hinweise zu den Inhalten haben – Ergänzungs- und Verbesserungsvorschläge, Tipps und Korrekturen – dann schreiben Sie uns bitte:

Redaktion ADAC Reiseführer
ADAC Verlag GmbH
81365 München
verlag@adac.de
www.adac.de/reisefuehrer

Harz Impressionen

Sagenhafte Gebirgslandschaft im Herzen Deutschlands

Wie eine bewaldete Gebirgsinsel erhebt sich der Harz aus dem norddeutschen Tiefland. Seine herrliche, stets abwechslungsreiche **Landschaft** macht ihn zu einem Paradies für Naturliebhaber: Mal bestimmen sanfte Hügel das Bild wie im Süd- und Unterharz, mal steil aufragende Felsen wie die Roßtrappe bei Thale. Alpine Kargheit wiederum erwartet den Wanderer auf dem **Brocken**, dem mit 1141 m höchsten Gipfel des Mittelgebirges.

Mit den Wundern der Natur wetteifern die vortrefflich erhaltenen **Fachwerkstädte** am Harzrand um die Aufmerksamkeit der Gäste. Goslar und Quedlinburg, Wernigerode und Osterwieck konnten sich ihr schönes mittelalterliches Erscheinungsbild bis auf den heutigen Tag bewahren, überall gibt es interessante Museen und lebendige Einkaufsstraßen.

Naturgenuss und ein mythischer Berg

Wer sich heute in den Harz aufmacht, der tritt in große Fußstapfen: Schon Johann Wolfgang von Goethe und Heinrich Heine erklommen seine Höhen und besangen die Schönheit seiner Flüsse, Täler und Wälder. Den Spuren Heines kann folgen, wer von Ilsenburg aus auf dem Heinrich-Heine-Weg durch dichten Laub- und Fichtenwald dem Lauf der zu Tal hüpfenden Ilse folgt und dann zum **Brocken** emporwandert. Fast jeder Harzbesucher will diesen mythenumrankten Gipfel einmal besteigen, entsprechend lebhaft geht es dort oben zu. Während bei schönem Wetter die Aussicht über die Berge des Harzes und weit ins Vorland lockt, kann man an jenen 300 Tagen des Jahres, an denen dichte Wolken seinen Gipfel umhüllen, all den Geschichten von Hexen und Teufeln nachspüren, für die der Berg spätestens mit der Walpurgisnacht-Szene in Goethes Faust so berühmt wurde.

Rechts oben: *Keine Angst, beim Sehusa-Fest in Seesen wird nicht scharf geschossen*
Rechts Mitte: *In Osterwiecks Schützengasse fasziniert kunstvoll verziertes Fachwerk*
Rechts : *Von den Rabenklippen bei Bad Harzburg reicht der Blick bis zum Brocken*

Doch auch abseits des Brockens ist die Auswahl an **Wanderwegen** schier unerschöpflich. So folgt der insgesamt 94 km lange Hexenstieg alten Erztransportwegen von Osterode im Westen nach Thale im Osten, passiert dabei ebenfalls den Brocken und erschließt das wildromantische Bodetal. Auch die malerisch durch ihr Tal mäandernde Selke begleitet ein perfekt ausgeschilderter Pfad. Wer das Mittelgebirge lieber mit dem Mountainbike erkunden möchte, dem stehen über 500 km bestens markierte Routen zur Verfügung.

Im Winter, wenn eine dicke Schneedecke die Bergkuppen des Oberharzes einhüllt, verwandeln sich die Wanderwege um Braunlage, Clausthal-Zellerfeld oder Schierke in Loipen, dann wird das Mittelgebirge zum idealen Revier für Langläufer. Bei Kindern und Familien besonders beliebt sind die tollen, teils über 1 km langen Rodelstrecken, etwa am Wurmberg bei Braunlage.

Manche Loipen führen sogar hinein in den **Nationalpark Harz**, dessen 24 700 km^2

große Schutzzone sich von Ilsenburg im Norden bis Herzberg im Süden erstreckt. Hier ist die Natur (fast) sich selbst überlassen, sind vom Aussterben bedrohte Tierarten wie Uhu, Auerhahn, Schwarzstorch oder Wildkatze wieder heimisch geworden. Voller Stolz konnte die Nationalparkverwaltung vor einigen Jahren sogar verkünden, dass der im 19. Jh. ausgerottete Luchs wieder in die Bergwälder des Harzes zurückgekehrt sei. Mit etwas Glück bekommt man ihn im Auswilderungsgehege an den Rabenklippen zu sehen.

Zeugen einer großen Bergbautradition

Doch der Harz hat nicht nur eine wunderbare Natur- sondern auch eine bemerkenswerte **Kulturlandschaft** zu bieten. Seit der Entdeckung der ersten ergiebigen Erzadern im Rammelsberg bei Goslar im 10. Jh. trieben die Bergleute Stollen in den Fels und förderten Kupfer, Eisen und Silber zu Tage. Im gesamten Harz entstanden Bergwerke und in ihrer Nähe wohlhabende Städte. Zwar sind mittlerweile alle Gruben erschöpft, doch als Besucherbergwerke sind viele von ihnen heute wieder zugänglich und gehören nun zu den meistbesuchten Touristenattraktionen des Mittelgebirges.

Von der Bedeutung der Wasserkraft für den mittelalterlichen Bergbau erzählt die Grube Samson in Sankt Andreasberg, im 19-Lachter-Stollen von Wildemann erfährt man, wie die Bergleute die Gruben einst vor dem Einsturz zu bewahren versuchten und das Gestein stabilisierten. Unumstrittener Star unter den Besucherbergwerken ist jedoch jenes am **Rammelsberg** bei Goslar, das seit 1992 zum Weltkulturerbe der UNESCO gehört. Eine herausragend aufbereitete Ausstellung und mehrere themenbezogene Führungen durch die alten Stollen und das Werksgelände lassen kaum eine Frage zum Bergbau offen.

Oben: *Von den Ottonen protegiert, blühte das Quedlinburger Kloster im Mittelalter auf*
Mitte: *Rote Farbtupfer setzt der Mohn auf die sommergrünen Bergwiesen des Harzes*
Unten: *Schnee gut – Rodeln gut: Im Winter sind die Harzer Wälder tief eingeschneit*

Kaiserliche Städte

Dem Bergbau verdankt die Harzregion ihre große Blütezeit im frühen Mittelalter, in den Jahrhunderten nach dem Jahr 1000. Denn auch die Kaiser des Deutschen Reiches suchten die Nähe zu den dortigen Bergwerken, den Quellen großen Reichtums. Unübersehbares Symbol dieser kaiserlichen Vorliebe ist die mächtige, im 11. Jh. errichtete Kaiserpfalz über **Goslar**, einem der wenigen erhaltenen romanischen Profanbauten Deutschlands. In der Freien Reichsstadt Goslar profitierten auch die Bürger von den Erträgen aus dem Bergbau, wovon der kunstvoll ausgestaltete Huldigungssaal des Rathauses und das opulent mit Statuen verzierte Gildehaus Kaiserworth am Marktplatz noch heute künden.

Quedlinburg, überragt von der trutzigen Stiftskirche auf dem Schlossberg, ist zweifellos eine der besterhaltenen Städte des deutschen Mittelalters. So bedeutsam sind die hier versammelten architektonischen Zeugen einer über 1000-jährigen Geschichte, dass die UNESCO die Altstadt 1994 zum Weltkulturerbe erhob. Kaum ein Besucher kann sich dem Zauber der verwinkelten Gassen mit ihren würdevollen Fachwerkhäusern entziehen. Und wenn während des **Kaiserfrühlings**, einem farbenfrohen Historienspiel an Pfingsten, Kaiser Otto der Große mit seinem Gefolge durch die Straßen Quedlinburgs und hinauf zur romanischen Stiftskirche zieht, fühlt man sich tatsächlich zurückversetzt in die Zeit um 960.

Nicht minder schön ist **Wernigerode**, wo seit der Wiedervereinigung viel getan wurde, um die ›Bunte Stadt am Harz‹ heller als je zuvor in ihrer Geschichte erstrahlen zu lassen. Das Schloss über der Stadt, ein ausgeklügeltes Gesamtkunstwerk des Historismus, ist auch dank seiner perfekt im Stil des 19. Jh. eingerichteten Säle ein Besuchermagnet ersten Ranges.

Doch auch die kleineren Orte im Harz vermögen den Besucher in ihren Bann zu ziehen. Sei es Stolberg im Südharz, das mit seinem mächtigen Schloss idyllisch im Tal der Thyra liegt, oder Wildemann im Oberharz, das den Ehrentitel Klein-Tirol auch seiner ansprechenden Umgebung verdankt - immer wieder stößt man auf bezaubernde Ortschaften.

Neue Kunst in alten Häusern

Auch wenn die Städte am Harzrand unübersehbar von den Zeugnissen des Mittelalters geprägt sind - vielerorts wird be-

wiesen, dass Alt und Neu hervorragend zusammenpassen. Ein frisches Licht auf die Geschichte wirft etwa das **Zisterziensermuseum** in Kloster Walkenried und vergleicht den hier einst ansässigen Mönchsorden mit einem modernen Unternehmen – ein Ansatz, der zum Nachdenken anregt. In Halberstadt ist die 1208 erbaute Kirche des Klosters **St. Burchardi** bis ins Jahr 2639 Aufführungsort des Stückes ›Organ²/ASLSP‹ des Avantgarde-Komponisten John Cage. Wer dieses Konzert besucht, der wird sein Verhältnis zur Zeit gründlich überdenken – und zugleich die Wirkung des ausgefallenen Musikwerks in diesem altehrwürdigen Rahmen besonders genießen.

Überraschend gut passen auch die Arbeiten so renommierter Künstler der Moderne wie Anselm Kiefer und Joseph Beuys in die gediegenen Räume des repräsentativen Ackerbürgerhauses von 1528, in dem das **Mönchehaus-Museum** von Goslar untergebracht ist. Und dass sich moderne Architektur inmitten eines über Jahrhunderte gewachsenen Stadtbildes behaupten kann, zeigt der überzeugende Neubau der **Lyonel-Feininger-Galerie** in Quedlinburg, direkt unterhalb des vornehmen Schlossberges. Die Sammlung mit Druckgrafiken Feiningers, die der Künstler vor seiner Ausreise aus Deutschland angesichts der Machtergreifung der Nationalsozialisten seinem in Quedlinburg lebenden Freund Hermann Klumpp überließ, genießt Weltruf.

Bunte Feste und leibliche Genüsse

Wer hart arbeitet, der darf auch kräftig feiern - das weiß man im Harz schon lange. Lebensfreude pur herrscht in den kopfsteingepflasterten Gassen von Goslar und Halberstadt, Quedlinburg oder Wernigerode, wenn dort im Sommer die **Altstadtfeste** begangen werden. Beim **Sehusa-Fest**, das Zehntausende Mittelalterbegeisterte nach Seesen lockt, ist die ganze Stadt auf den Beinen, man kleidet sich in Ritterrüstung oder Mönchskutte und feiert das größte Historienfest Norddeutschlands. Außerordentlich stimmungsvoll ist auch der **Weihnachtsmarkt** auf Goslars Marktplatz, und zum **Advent in den Höfen** öffnen sich viele der sonst geschlossenen Innenhöfe Quedlinburgs. Dann verkaufen dort Kunsthandwerker ihre Waren und bieten an, was Küche und Keller hergeben.

Kulinarisches Aushängeschild der Harzregion sind übrigens die Forellenstuben in **Ilsenburg** – Gourmetkoch René Bobzins hat sich seinen Michelinstern mit leichter, französisch inspirierter Küche redlich verdient. Ansonsten ist es vor allem bodenständige, nahrhafte Kost aus besten regionalen Zutaten, die den Gast in den Restaurants und Waldgaststätten erwartet. Harzer Roller, schmackhafte Wurstwaren, Forellen und – besonders köstlich – das Fleisch des Harzer Rotviehs sorgen für Stärkung nach ausgedehnten Wanderungen und Besichtigungstouren.

Links oben: *In Wildemann hält man die alten Harzer Traditionen hoch*
Links Mitte: *Erlesene liturgische Kunst besitzt der Domschatz von Halberstadt*
Links unten: *Herbstliche Stimmung am Wiesenbecker Teich bei Bad Lauterberg*
Oben: *Vorweihnachtlicher Glanz liegt über dem Christkindlsmarkt von Goslar*

Der Reiseführer

Dieser Band stellt den **Harz** und sein Vorland in vier Kapiteln vor. Der Autor beschreibt die kunst- und kulturhistorischen Sehenswürdigkeiten ebenso wie die beeindruckendsten Naturschönheiten. Besonders empfehlenswerte Hotels, Restaurants, Burgen, Museen oder Wanderungen sind als **Top Tipps** gekennzeichnet. Das bewährte **Nummernsystem** sowie detaillierte **Übersichtskarten** und **Stadtpläne** helfen bei der schnellen Orientierung. Unter dem Stichwort **Praktische Hinweise** finden sich vor Ort nützliche Hinweise auf Touristeninformationen, Gaststätten oder Unterkünfte am Ende der jeweiligen Punkte. Weitere wichtige Reise- und Urlaubsinformationen sind im abschließenden Serviceteil **Harz aktuell von A bis Z** übersichtlich alphabetisch geordnet. Ein **Kaleidoskop** mit Kurzessays zu spannenden Harz-Themen rundet den Reiseführer ab.

Geschichte, Kunst, Kultur im Überblick

Kernland kaiserlicher Macht und Zentrum des mittelalterlichen Bergbaus

ab 2000 v. Chr. In der Bronzezeit ist nur das Harzvorland besiedelt. Die Hügelgräber- und Urnenfeldkultur entwickelt sich. Der Schlossberg von Quedlinburg ist bereits dauerhaft bewohnt.

um Chr. Geburt Germanische Stämme wie Cherusker und Hermunduren leben im Harzvorland.

ab 375 Die Völkerwanderung beginnt. Sie führt zur Bildung neuer Stämme, darunter der Sachsen und Thüringer in der Harzregion.

um 425 Im heutigen Frankreich entsteht das Reich der Merowinger. König Chlodwig I. (482–511) macht es zur führenden Macht im Abendland und erobert ein Gebiet, das sich von den Pyrenäen bis ins ostrheinische Gebiet erstreckt.

531 Bei Burgscheidungen etwa 50 km südlich von Sangerhausen siegt ein Heer der Merowinger über den Stamm der Thüringer. Die Sachsen, die in der Harzregion siedeln, wehren sich noch.

719 Der Angelsachse Bonifatius beginnt die christliche Missionierung im heutigen Deutschland. Während er in Hessen und Thüringen recht erfolgreich ist, wehren sich die Sachsen gegen die Christianisierung.

772–804 Karl der Große unterwirft die Sachsen und zwingt deren Herzog Widukind zur Taufe. Den sächsischen Aufstand von 782 beendet er durch die ›Massenhinrichtung von Verden an der Aller‹, bei der 4500 Männer sterben. Nun ist auch die Harzregion Teil des Frankenreiches.

804 Karl der Große gründet ein Bistum in Osterwieck. Es soll die weitere Christianisierung der Sachsen vorantreiben und den Volksstamm so möglichst eng an das Frankenreich binden.

843 Mit dem Vertrag von Verdun teilen die Söhne Karls des Großen das Frankenreich untereinander auf. Ludwig ›der Deutsche‹ erhält das Ostfrankenreich, die Keimzelle des späteren Deutschen Reiches.

853 Der Herzog von Sachsen Liudolf reist nach Rom, erhält dort vom Papst wertvolle Reliquien und gründet das Kloster Gandersheim.

919 Der Adel des Ostfrankenreiches wählt den Herzog von Sachsen Heinrich, einen Enkel Liudolfs, zum König.

926 Angesichts wachsender Bedrohungen durch die Ungarn, die immer wieder das Ostfrankenreich angreifen, erlässt König Heinrich I. die sog. Burgenordnung und baut Quedlinburg und Goslar zu Festungen aus.

933 Bei Riade an der Unstrut im heutigen Kyffhäuserkreis siegt König Heinrich I. über die Ungarn.

936 König Heinrich I. wird in Quedlinburg bestattet. Sein Sohn Otto I. folgt ihm auf dem Königsthron.

955 Mit seinem Sieg in der Schlacht auf dem Lechfeld kann König Otto I. die Ungarngefahr endgültig bannen. Damit begründet er seinen Ruf als Otto ›der Große‹. Nach ihm trägt das Königshaus den Namen Ottonen.

ab 960 Die Kanonisse Roswitha von Gandersheim verfasst mehrere Epen und Dramen in lateinischer Sprache. Sie gilt als erste deutsche Dichterin.

962 Papst Johannes XII. krönt König Otto I. in Rom zum Römischen Kaiser. In den folgenden Jahrhunderten ziehen die meisten Könige des Ostfrankenreichs, das nun auch Deutschen Reich genannt wird nach Rom, um sich dort zum Kaiser krönen zu lassen.

970 Nach Silberfunden bei Goslar wird das Bergwerk Rammelsberg gegründet. Die Region blüht wirtschaftlich auf.

1002 Um besseren Zugriff auf die Gewinne aus dem

◁ *Kaiser Karl der Große besiegt die Sachsen*

Rammelsberger Bergbau zu erlangen, errichtet Kaiser Heinrich II. in Goslar eine Pfalz. In den folgenden 100 Jahren finden dort 29 Reichstage und zahlreiche Hoftage statt.

1024 Mit Kaiser Heinrich II. stirbt der letzte ottonische Kaiser. Ihm folgt der in Utrecht in den heutigen Niederlanden geborene Konrad II. aus der Familie der Salier. In der Harzregion verfügen die Salier außerhalb der Kaisergüter über keine Machtbasis. Da er und seine Nachfolger immer wieder versuchen, ihren Einfluss auf Kosten des sächsischen Adels zu vergrößern, kommt es im 11. Jh. beständig zu Auseinandersetzungen.

1046 Kaiser Heinrich III. lässt die Kaiserpfalz in Goslar erweitern und den Goslarer Dom errichten.

1056 Heinrich III. stirbt bei einem Jagdunfall im Harz.

1065–68 Kaiser Heinrich IV. lässt die Harzburg über dem heutigen Bad Harzburg bauen. Der sächsische Adel fühlt sich dadurch provoziert.

1073 Unter der Führung des Grafen Otto von Northeim fordern die Sachsen von Kaiser Heinrich IV. in Goslar die ›Wiederherstellung ihrer alten Rechte‹, was Heinrich scharf zurückweist. Daraufhin kommt es zum Sachsenkrieg, in dessen Verlauf die Aufständischen Heinrich IV. auf der Harzburg einschließen. Von dort flüchtet er nach Worms.

1074 Die Gegner Heinrichs zerstören die Harzburg.

1075 Kaiser Heinrich IV. schlägt die Sachsen unter Otto von Northeim bei Homburg an der Unstrut.

1077 Mit dem ›Gang nach Canossa‹ kann Kaiser Heinrich IV. den sog. Investiturstreit mit Papst Gregor VII. beilegen. Dabei war es um die Besetzung hoher Kirchenämter im Deutschen Reich gegangen, die Heinrich nun dem Papst zugestehen muss.

Thomas Müntzer

Martin Luther

1115 Kaiser Heinrich V. versucht seine Macht auf Kosten der regionalen Adeligen auszubauen. Erneut erheben sich die Sachsen, und Heinrich unterliegt in der Schlacht am Welfesholz bei Mansfeld.

1152 Friedrich I. Barbarossa aus der Familie der Staufer wird zum König gewählt (Kaiserkrönung 1154). Von seinem Nachruhm in der Harzregion zeugt die Kyffhäuserlegende, nach der der Kaiser noch heute im Kyffhäuser schlafen soll, um am Tag der Not zu erwachen und sein Volk zu retten.

1142 Friedrich I. Barbarossa belehnt Heinrich den Löwen aus dem Geschlecht der Welfen mit dem Herzogtum Sachsen. Dieser steigt zu einem der mächtigsten Fürsten des Deutschen Reiches auf und gerät immer wieder in Konflikt mit dem Kaiser.

um 1175 Im Mansfelder Land beginnt der Kupferabbau.

1180 Weil Heinrich der Löwe Kaiser Friedrich Barbarossa die Unterstützung für dessen Feldzug nach Italien verweigert, ächtet ihn ein Reichsgericht und erkennt ihm seine Ländereien bis auf Braunschweig und Lüneburg ab.

1230 Auf der Burg Falkenstein übersetzt Eike von Repgow seine zunächst von ihm selbst auf Latein verfasste Rechtssammlung des ›Sachsenspiegels‹ ins Niederdeutsche. Er legt damit das erste umfassende deutschsprachige Gesetzbuch vor.

13. Jh. Der Harz zerfällt in zahlreiche Grafschaften, etwa Hohnstein und Stolberg oder Werningerode, Blankenburg und Falkenstein.

1236 Baubeginn des Halberstädter Doms.

1271 Die erste bergbaurechtliche Verordnung löst das alte Gewohnheitsrecht im Bergbau ab. Es regelt Eigentumsverhältnisse, Konzessionen, arbeitsrechtliche Fragen und Abgabepflichten. Der Raubbau an den Wäldern des Harzes wegen des hohen Holzbedarfs für den Bergbau lässt das Mittelgebirge kahl werden.

1348 Die Pest wütet im Harz, der Bergbau kommt zum Erliegen.

1483 Martin Luther wird in Eisleben geboren.

1517 Der Augustinermönch und Theologieprofessor Martin Luther veröffentlicht in Wittenberg seine 95 Thesen gegen den päpstlichen Ablasshandel. Damit löst er die Reformation aus.

1525 Der Bauernkrieg, geschürt durch die steigende Abgabenlast der Bauern, breitet sich von Süd- nach Mitteldeutschland. Die Bauern plündern Klöster und Burgen. Die Schlacht bei Frankenhausen endet mit einem

◁ *Prospektoren begutachten die Arbeiten in einem Clausthaler Bergwerk (um 1800)*

blutigen Sieg des Adelsheeres über die Bauern. Deren Anführer, unter ihnen der in Stolberg geborene Thomas Müntzer, werden hingerichtet.

1534 Der Bau des Oberharzer Wasserregals, eines ausgedehnten Systems von Teichen, Gräben und Wasserläufen zur Nutzung der Wasserkraft für den Harzer Bergbau, beginnt.

1546 Martin Luther stirbt in Eisleben.

1618–1648 Der Dreißigjährige Krieg sucht auch den Harz heim. Bürgerwehren wie die Harzschützen versuchen den Zusammenbruch der Ordnung zu verhindern.

1625 Wallenstein und seine kaiserlichen Truppen besiegen das Heer des Grafen von Mansfeld. 1632 besetzen und plündern schwedische Truppen Goslar. Die Hälfte der Bevölkerung verlässt den Harz oder kommt im Krieg um.

1715 Dorothea Christiana Erxleben wird in Quedlinburg geboren. 1754 promoviert sie an der Universität von Halle in Medizin und wird die erste Frau Deutschlands, der die »Ausübung der Heilkunst in ihrem gesamten Umfange« erlaubt ist.

1720 Bau des Oderteiches, der ersten Talsperre Deutschlands.

1724 Friedrich Gottlieb Klopstock, bedeutender Dichter der Aufklärung, wird in Quedlinburg geboren.

1763 Hans Dietrich von Zanthier gründet in Ilsenburg die erste Forstschule der Welt. Die Wiederaufforstung des Harzes beginnt.

1772 Georg Philipp Friedrich von Hardenberg, bekannt unter dem Namen Novalis, wird in der Nähe von Hettstedt geboren. Er gehört zu den Begründern der deutschen Romantik.

1775 Gründung der Bergakademie von Clausthal.

1777 Goethe bereist erstmals den Harz und ersteigt den Brocken. Ihn begeistert die Landschaft, er betreibt aber auch naturwissenschaftliche Studien.

1806 Kaiser Franz II. legt auf Druck Napoleons die Krone des Heiligen Römischen Reiches Deutscher Nation ab, dessen Ursprünge auf die Kaiserkrönung Ottos des Großen 962 zurückgehen.

1807 Nach dem Frieden von Tilsit gründet Napoleon das Königreich Westphalen, zu dem auch der Harz gehört. König ist Jérôme, sein Bruder. Das Ende des Königreichs kommt schon 1813 nach der Niederlage Napoleons in der Völkerschlacht von Leipzig.

1810 Herzog Alexius von Anhalt-Bernburg gründet in Alexisbad eine nach ihm benannte Kuranstalt.

1815 Der Wiener Kongress teilt den Harz zwischen den Königreichen Preußen und Hannover auf.

1824 Heinrich Heine wandert im Harz, besteigt den Brocken und schreibt danach ›Die Harzreise‹.

1841 Die neue Bahnstrecke von Braunschweig bis Bad Harzburg fördert die wirtschaftliche Entwicklung im Harz. In den Folgejahren werden weitere Harzstädte auf dem Schienenweg erschlossen.

1871 Gründung des Deutschen Reiches unter Führung Preußens. 1900 werden Reiterstatuen der Kaiser Wilhelm I. und Friedrich Barbarossas vor der Kaiserpfalz von Goslar aufgestellt. Die preußischen Kaiser wollen so am Ruhm des mittelalterlichen Kaisertums teilhaben.

◁ *Wintersport um 1900: Auf Rennwölfen durch den Harz*

◁ *Bis 1991 umgab eine 3,50 m hohe Mauer den Gipfel des Brockens*

1886 Eine kleine Schar von Wanderbegeisterten gründet in Seesen den Harzclub. Seine Mitglieder kümmern sich um die touristische Erschließung des Gebirges und legen Wanderwege an. Heute ist er mit 36 000 Mitgliedern der größte Heimatverein des Harzes.

1892 Der Oberförster Arthur Ulrichs gründet mit dem Wintersportverein von Braunlage den ersten Club seiner Art in Deutschland.

1903 Der Verein deutscher Rosenfreunde richtet das Rosarium in Sangerhausen ein, in dem heute 6000 verschiedene Rosenarten um die Wette blühen.

1936 Die NSDAP verleiht Goslar den Titel ›Reichsbauernstadt‹ und veranstaltet mehrere Bauerntage, die mit Aufmärschen der SS vor der Kaiserpfalz einhergehen.

1943–1945 In den Stollenanlagen bei Nordhausen schuften Häftlinge des Konzentrationslagers Mittelbau Dora, um die Rakete V2 Wernher von Brauns für den Kriegseinsatz zu produzieren. 16 000 der Zwangsarbeiter kommen dabei um.

1945 Die Alliierte Luftwaffe zerstört Halberstadt kurz vor Ende des Krieges zu 80 %. Nach Kriegsende verläuft die deutsch-deutsche Grenze durch den Harz. Teile des Ostharzes werden Sperrgebiet.

1960 Der Landtag von Niedersachsen stellt mit dem Naturpark Harz einen Teil des Gebirges unter Naturschutz.

1961 Nach dem Bau der Berliner Mauer erklärt die DDR-Regierung der Brocken zum militärisches Sperrgebiet. Die Grenze wird abgeriegelt, die Verteidigungs- und Abhöranlagen auf DDR-Seite ausgebaut. Der Besuch eines fünf Kilometer breiten Gebietes an der Grenze, in dem auch Schierke liegt, ist für DDR-Bürger stark reglementiert.

1988 Die letzte Erzlore verlässt die Rammelsberger Grube.

1989 Mit dem Fall der Berliner Mauer öffnet sich auch die deutsch-deutsche Grenze durch den Harz.

1990 Auf seiner letzten Sitzung beschließt der Ministerrat der DDR die Einrichtung von fünf Nationalparks, unter ihnen der Nationalpark Hochharz.

1991 Soldaten der Bundeswehr demontieren die 3,50 m hohe Mauer, die den höchsten Berg des Harzes als Teil der deutsch-deutschen Grenze teilweise einfasste.

1992 Die Grube in Bad Grund schließt. Damit endet die über 1000 Jahre alte Tradition des Harzer Bergbaus. Die UNESCO ernennt das Bergwerk Rammelsberg und Teile der Goslarer Altstadt zum Weltkulturerbe. Zwei Jahre später folgt das historische Zentrum von Quedlinburg, 1996 die Lutherdenkmäler von Eisleben.

1994 Die niedersächsische Landesregierung weist einen Teil des Harzes als Nationalpark Harz aus.

2003 In St. Burchardi in Halberstadt erklingt der erste Ton des Langzeitkonzertes (ASLSP = As slow and softly as possible), das bis zum 5. September 2639 dauern soll.

2006 Der niedersächsische Nationalpark Harz und der sachsen-anhaltinische Nationalpark Hochharz werden zum länderübergreifenden, fast 250 km² großen ›Nationalpark Harz‹ vereint.

2007 Der Künstler Matthew Barney erhält den Goslarer Kaiserring.

Die Ministerpräsidenten Wulff und Böhmer unterzeichnen den Vereinigungsvertrag für den Nationalpark Harz ▷

Der Harz wie aus dem Bilderbuch: Stolberg, die Thomas-Müntzer-Stadt im Tal der Thyra

Unterwegs

Der Nordharz – zu Gast in kaiserlichen Städten

Von Fachwerkhäusern gesäumte Gassen in **Osterwieck** und **Quedlinburg**, das faszinierende, ganz im Stil des 19. Jh. eingerichtete Schloss von **Wernigerode**, die romanische Kaiserpfalz von Goslar oder der grandiose Dom von **Halberstadt** – an Zeugen einer großen Vergangenheit besteht im Nordharz wahrlich kein Mangel. Das **Besucherbergwerk Rammelsberg** über Goslar, wo über ein Jahrtausend lang nach Erzen gegraben wurde, zählt gar zu den bedeutendsten Industriedenkmälern Deutschlands. Abseits der Städte warten weitere Kleinodien auf Entdeckung, etwa das Kloster Drübeck mit seiner seit dem 10. Jh. fast unveränderten Kirche.

Auch die **Natur** zeigt sich im Nordharz von ihrer besten Seite. Die Flüsse Oker, Radau, Ecker, Ilse und Holtemme sprudeln die mit Nadel- und Mischwäldern bedeckten Nordhänge des Harzes hinab, herrliche Wanderwege, wie der Heinrich-Heine-Weg durch das anmutige **Ilsetal**, begleiten die Wasserläufe, oft mit der Felskuppe des Brockens im Blick. Zu den **Radaufällen** bei Bad Harzburg, dem für seine Galopprennwoche bekannten Kurort, führt ebenfalls eine außerordentlich ansprechende Tour.

1 Goslar

Plan Seite 20

TOP TIPP *Kaiserliche Pfalz und packende Bergbaugeschichte am Harzrand.*

In Goslars kopfsteingepflasterten Gassen lebt die Blütezeit der alten Reichsstadt noch heute fort. Schier unerschöpflich ist ihr Reichtum an mittelalterlichen Kirchen und fantasievoll verzierten Fachwerkbauten. So bedeutsam ist dieses einzigartige Ensemble historischer Bauten, dass die UNESCO den Stadtkern zusammen mit dem Erzbergwerk Rammelsberg seit 1992 zum Weltkulturerbe der Menschheit zählt.

Geschichte Die Geschichte des 922 als ›Vicus Goslariae‹ erstmals urkundlich erwähnten Goslar ist eng mit dem **Bergbau** am Rammelsberg verknüpft. Schon seit der Bronzezeit bauten die Menschen dort Erze ab, doch erst 968 wurden ergiebige Kupferadern gefunden. Die Ausbeute des damals ertragreichsten Bergwerkes Europas veranlasste Kaiser Heinrich II. zu Beginn des 11. Jh., seine **Pfalz** im weiter

Im Haus Kaiserworth (links) trafen sich die Tuchmacher, im Rathaus (rechts) die Patrizier ▷

nördlich gelegenen Werla zu Gunsten Goslars aufzugeben.

Wie sehr die Kaiser die Stadt am Harz – und die hier beheimatete Münzpräge – in den folgenden zwei Jahrhunderten schätzten, beweist die hohe Zahl ihrer Besuche. Bis zum Jahre 1219 fanden 23 Reichstage statt, über 100 Mal hielt sich ein Kaiser in Goslar auf. Dass auch die Kirche den Herrschern nahe sein wollte, bezeugen die Türme von 47 Kapellen und Kirchen, die über die Giebeldächer hinausragen. Sie brachten der Stadt den Beinamen ›Nordisches Rom‹ ein.

Regiert wurde Goslar bis 1290 von den Vögten des Kaisers. Anschließend übernahm ein Stadtrat diese sog. Vogteirechte. Vor allem der Handel mit Silber und die daraus geschlagenen Münzen brachten Reichtum und Macht. 1267 wurde Goslar erstmals als Mitglied der Hanse erwähnt und um 1340 vom Kaiser zur **Freien Reichsstadt** erklärt. 1356 gelang den Ratsherren ein besonderer Coup: Wegen der beim Bergbau im Rammelsberg mittlerweile erreichten Tiefen drang so viel Grundwasser in die Schächte ein, dass die Erzförderung eingestellt werden musste. In Geldnot geraten, verpfändete der Herzog von Braunschweig, der bis dahin die Schürfrechte besessen hatte, den Berg an die Goslarer. Als dann der technische Fortschritt den Bergbau zu Anfang des 15. Jh. wieder rentabel machte, kamen die Gewinne zum größten Teil den städtischen Patriziern zu Gute. Um das Jahr 1500 war der Gipfel von Ansehen und Wohlstand erreicht, der prächtige **Huldigungssaal** im Rathaus bildete den geeigneten Rahmen für die Zusammenkünfte der städtischen Honoratioren.

In der ersten Hälfte des 16. Jh. begann dann der schleichende **Niedergang**. Ab 1525 bemühte sich der Herzog von Braunschweig darum, das Pfand für den Rammelsberg auszulösen. Nach langer Auseinandersetzung musste Goslar im **Liefenberger Vertrag** von 1552 auf die Schürfrechte verzichten. Hinzu kam, dass sich nach der Entdeckung Amerikas die wichtigsten Handelsrouten nach Westen verschoben und die deutschen Reichsstädte angesichts des aufkommenden Absolutismus immer mehr Privilegien verloren.

Besetzung und Plünderungen während des Dreißigjährigen Krieges ab 1618 taten ein Übriges. So erklärt sich auch, dass der Geheime Legationsrat **Goethe** (1749–1832), der die Stadt auf seiner ersten Harzreise Anfang Dezember 1777 bei

Schon seit 800 Jahren wacht der Adler auf dem Marktbrunnen über Goslar

nasskaltem Wetter besuchte, ganz und gar nicht von Goslar begeistert war: ›Hier bin ich nun wieder in Mauern und Dächern des Altertums versenkt.‹ Die Reichsstadt, schrieb er verächtlich, ›vermodert in und mit ihren Privilegien‹. Ein neuer Aufschwung setzte erst ein, als Pioniere 1859 bei Erkundungsgrabungen im Rammelsberg das sog. ›Neue Lager‹ mit reichen Erzvorkommen entdeckten, aus dem Bergleute noch bis 1988 Rohstoffe förderten.

Die Nazis verliehen Goslar den zweifelhaften Ehrentitel **›Reichsbauernstadt‹**, wohl auch als Anerkennung für das überdurchschnittlich gute Ergebnis der NSDAP bei den letzten Reichstagswahlen im Jahr 1933. Die Stadt sah eine Reihe von Versammlungen, die Blut, Boden und das Dritte Reich beschworen. Während des **Zweiten Weltkrieges** ließ das Naziregime die Erzgrube am Rammelsberg modernisieren, um größtmögliche Autarkie von Rohstoffimporten zu erreichen. Zwangsarbeiter aus ganz Europa mussten unter Tage schuften.

Nach dem Weltkrieg litt Goslars Wirtschaft unter der Nähe zum Eisernen Vorhang, der die Stadt über 40 Jahre lang von ihrem Harzer Hinterland abschnitt. Heute sorgen Baustoffproduzenten, Autozulieferer und die chemische Industrie sowie der Tourismus für das Auskommen der Goslarer.

Besichtigung Ein vergoldeter Reichsadler breitet seine Schwingen über den bronzenen Schalen und Wasserspeiern des Marktbrunnens aus. Er schaut keck und ein wenig hochmütig auf das Treiben auf dem zentralen Marktplatz und erinnert an die Jahrhunderte währende Reichsunmittelbarkeit der Stadt, die nur dem Kaiser, aber keinem Landesherren verantwortlich war.

In einem Nebenraum des Huldigungssaals konnten die Ratsherren Gott um Beistand anflehen

Das gotische **Rathaus** ❶ (April–Okt., Dez. tgl. 11–15 Uhr) von 1450 begrenzt die Nordseite des Marktplatzes. Der Laubengang diente ursprünglich dem Handel, an einem Pranger wurden Missetäter zur Schau gestellt. Sein Prunkstück ist aber der zwischen 1505 und 1520 vollständig mit spätgotischen Tafelgemälden und Schnitzereien eines niederländischen Meisters ausgekleidete *Huldigungssaal*. Leider vergaßen die Bauherren aber, Abzugsrohre für einen Kamin einzubauen, sodass der ursprünglich als Ratssaal gedachte Raum den Patriziern Goslars viel zu kalt war und sie ihn deshalb Ende des 16. Jh. zum Archiv umfunktionierten.

Dem Rathaus direkt gegenüber steht das schieferverkleidete **Kaiserringhaus**. In seinem Giebel zeigen Holzfiguren zu den Klängen von ›Glück auf, der Steiger kommt‹ täglich um 9, 12, 15 und 18 Uhr Szenen aus der Geschichte des Erzbergbaus, im Lokal im Inneren lässt sich gut speisen.

Die **Kaiserworth** ❷ an der Südseite des Marktplatzes ließen sich die Gewandschneider 1494 als Gildehaus errichten. Das heute als Hotel und Restaurant genutzte schiefergedeckte Gebäude mit seinem markanten Erkerturm öffnet sich mit sechs Arkadenbögen zum Platz und scheint das Rathaus fast in den Schatten stellen zu wollen. Acht hölzerne Kaiserfiguren schmücken seit dem 17. Jh. Nischen in der Fassade. Bekannt ist auch das an einer Konsole applizierte Dukatenmännchen, respektlos ›Dukatenkacker‹ genannt, ein Sinnbild für den Reichtum der Gilde, deren Mitglieder das einträgliche Recht hatten, importiertes Tuch weiterverarbeiten zu lassen.

Gleich hinter dem Rathaus ragen die Doppeltürme der Marktkirche **St. Cosmas und Damian** ❸ (tgl. 10–17, Nordturm tgl. 11–17 Uhr, Führungen Mo/Sa 12.30 Uhr) empor. Sie erhielten nach mehreren Bränden Mitte des 19. Jh. ihr heutiges Aussehen. 1240 überfing man das romanische Mittelschiff mit einem hoch aufstrebenden Kreuzgratgewölbe. Farbenprächtige *Glasfenster* aus dem 13. Jh. mit Szenen aus dem Leben der beiden Kirchenheiligen schmücken die Fenster im linken Querschiff. Genaue Betrachtung verdient auch die mit biblischen Szenen verzierte *Renaissancekanzel* von 1581 aus der Werkstatt des braunschweigischen Holzbildhauers Hans Seek.

Das Goslarer **Stadtmuseum** ❹ (Königstr. 1, April–Okt. Di–So 10–17, sonst Di–So 10–16 Uhr) fand seine Heimat in einem spätgotischen Kurienhaus von 1514. Wie vor 1000 Jahren dem Erz das Metall abgetrotzt wurde, zeigt ein *Kupferschmelzofen*, den Holzarbeiter vor einigen Jahren in den Wäldern des Harzes fanden. Noch weiter in die Vergangenheit führt die *Fossiliensammlung*, eine der umfangreichsten Deutschlands.

Dolce Vita in Goslar: Am Schuhhof, einem der ältesten Plätze der Stadt, locken viele Cafés. Er liegt zwischen Münz- und Hokenstraße, unweit des Marktplatzes

Eine Besonderheit ist der sog. *Krodoaltar*, ein Bronzekastenaltar von 1100 aus dem 1820 abgerissenen Dom Goslars (s. S. 23). Wegen seiner ausgefallenen Gestaltung hielt man ihn lange für das Heiligtum einer heidnischen Gottheit.

Vis-a-vis vom westlichen Portal der Marktkirche fällt das ehemalige Patrizierhaus **Brusttuch** 5 (1521–1526) auf. Den Namen verdankt es seinem trapezförmigen Grundriss, welcher der Form eines Damenbrusttuchs jener Zeit ähnelt. Reiche Schnitzereien im Fachwerk des Obergeschosses greifen Gestalten aus der antiken Mythologie auf und sollten wohl die humanistische Bildung des Bauher-

Heute weiß man, das der Krodoaltar im Stadtmuseum nicht dem sächsischen Gott der Fruchtbarkeit Krodo geweiht war, sondern einst im Dom von Goslar stand

Hätte es schon vor 200 Jahre eine Stiftung Denkmalschutz gegeben, würde von der Stiftskirche St. Simon und Judas wohl auch heute noch mehr stehen als nur die Domvorhalle

ren, des Justitiars Johannes Tilling, dokumentieren.

Ähnlich verspielt ist das Innenleben des nahen **Musikinstrumente- und Puppenmuseums** 6 (Hoher Weg 5, tgl. 11–17 Uhr). Dort sind Musikinstrumente aller Epochen und Erdteile, dazu Puppen, Teddybären und Blechspielzeug von 1835–1935 und eine Vielzahl zierlicher Porzellanfiguren zum Thema ›Weibliche Anmut‹ versammelt.

Nur wenige Meter weiter zeugt das **Hospiz zum Großen Heiligen Kreuz** 7 (Hoher Weg 7, tgl. 11–17 Uhr) von mittelalterlicher Armenfürsorge. Der kaiserliche Vogt Dietrich von Sulinge ließ es 1254 als Pilgerhospital gründen, aber auch Bedürftige und Waisen fanden ein Lager für die Nacht. Die *Haupthalle*, die sog. ›Däle‹, ist mit Feldsteinen unterschiedlicher Größe gepflastert, zwei Reihen mächtiger hölzerner Stützen tragen die schwere Holzdecke, die wie die Wände mit Malereien aus Renaissance und Barock verziert ist. Dieser Saal ist Schauplatz des *Kaisermahls* anlässlich der jährlichen Verleihung des Kaiserrings, eines internationalen Kunstpreises der Stadt Goslar, den seit 1975 herausragende Vertreter der zeitgenössischen Kunst erhalten.

In den *Pfründnerstuben*, kleinen Kammern, die seitlich von der Haupthalle abgehen und in denen einst alte Bürger gegen Abtretung ihres Vermögens den Lebensabend verbringen durften, verkaufen Kunsthandwerker ihre originellen Produkte.

Von der 1047 erbauten Stiftskirche St. Simon und Judas ist nur die **Domvorhalle** 8 erhalten. Im Jahre 1820 fiel der Rest des baufälligen Gemäuers der Spitzhacke zum Opfer, die Stadt konnte sich eine Sanierung damals nicht leisten. Wo sich einst die Menschen im Kirchenraum versammelten, stehen heute geparkte Autos. Pflastersteine markieren den Grundriss des Kirchenbaus auf dem Asphalt.

Im Relief über der *Eingangstür* sieht man unterhalb von Maria mit dem Kinde Heinrich III., Friedrich Barbarossa (oder Konrad II.) und die Heiligen Simon, Matthias und Judas auf einer Ebene, ein Dokument des Selbstbewusstseins der Kaiser. Durch die verglasten Tore der Vorhalle sind einige bedeutende Architekturfragmente zu sehen, darunter eine Kopie des steinernen Kaiserstuhls mit Bronzelehnen aus dem 11. Jh.

Das Original dieses Throns sowie eine Computeranimation, die den Dom in seiner einstigen Pracht zeigt, sind in der nahen **Kaiserpfalz** 9 (Kaiserbleek 6, April–Okt. tgl. 10–17, Nov.–März tgl. 10–16 Uhr) zu sehen. Der zwischen 1040 und 1050 unter Heinrich III. errichtete Bau gehört zu den *romanischen*

TOP TIPP

Kaiser Barbarossa und zwei Löwen wachen vor der Goslarer Kaiserpfalz, einem der schönsten romanischen Profanbauten, die Deutschland zu bieten hat ▷

Kleinodien Deutschlands und war zwei Jahrhunderte lang eines der wichtigsten Zentren des Heiligen Römischen Reiches. Von ihrer beherrschenden Lage auf dem Liebfrauenberg bietet sich zudem ein schöner Blick auf Goslar.

Der *Einsturz* einer Außenmauer der zeitweise sogar als Viehstall genutzten Pfalz im 19. Jh. gab den Anstoß zur Rettung des vom endgültigen Verfall bedrohten Gemäuers. Noch unter Federführung des Königreichs Hannover begann 1867 die historisierende Restaurierung, die auch nach der Reichsgründung 1871 fortgesetzt wurde. Die preußischen Kaiser stilisierten sie nun sogar zum *Nationaldenkmal* des deutschen Kaiserreichs. Vor dem Bau blicken seit dem Jahr 1900 Friedrich Barbarossa und Wilhelm I. als Bronzestandbilder hoch zu Ross siegesgewiss in die Ferne, im Hintergrund thronen zwei bronzene Braunschweiger Löwen auf Steinsockeln.

Im großen, fast 50 m langen und 17 m breiten *Kaisersaal*, der Aula Regis, fanden Reichs- und Hoftage statt. Die überdimensionalen Wandgemälde des Düsseldorfer Künstlers Hermann Wislicenus (1825–1899), der zwischen 1879 und 1897 mehr als 700 m² der Wandflächen dekorierte, zeigen in glorifizierender Weise Schlaglichter aus der Geschichte des Deutschen Reiches, vom Sieg Karls des Großen über die Sachsen bis zur Reichsgründung 1871. Informativer ist aber die vorzügliche Ausstellung über das *mittelalterliche Wanderkaisertum* im Wintersaal im Untergeschoss der Pfalz.

Die Kaiserpfalz ist mit der südlich anschließenden Kapelle *St. Ulrich* aus dem

Mit seinen wandfüllenden Gemälden sollte Hermann Wislicenus die Bedeutung der Kaiserpfalz als Nationaldenkmal unterstreichen

12. Jh. verbunden. Dort ist unter einer plastisch gearbeiteten Grabplatte das Herz des 1056 gestorbenen Kaisers Heinrich III. in einer goldenen Kapsel bestattet. Sein Körper ruht dagegen im Dom zu Speyer.

Von den Höhen kaiserlicher Macht ist es nur ein kurzer Fußmarsch in den Stadtteil Frankenberg, dem einstigen Ortsteil der einfachen Bergleute. Hier befindet sich auch das **Siemenshaus** ⑩ (Schreiberstr. 12, Di/Do 10–12 Uhr, unter Vorbehalt, bitte klingeln), das der Ur-Urgroßvater des Gründers der Siemenswerke Werner von Siemens 1693 errichtete. Es gehört mit seinem markanten Fachwerk, dem mehrgeschossigen Dachboden und einer für Fuhrwerke gepflasterten Einfahrt zum Innenhof zu den größten erhaltenen Bürgerhäusern Goslars.

Die kleine romanische **Klauskapelle** ⑪ (Besichtigung auf Anfrage, Tel. 053 21/ 224 64, Schlüssel bei der Schuhmacherei Oberle nebenan) aus dem 12. Jh. war im 16. Jh. die ›Gemeindekirche‹ der Bergleute. Damals verpflichtete die Bergwerksverwaltung die Knappen dazu, jeden Tag vor Beginn der Schicht zum Gottesdienst zu kommen, was angesichts der damals üblichen Arbeitszeiten von über 10 Stunden eine enorme Belastung gewesen sein muss. Von besonderer Schönheit sind das Kruzifix und die Triumphbogengruppe aus dem 14. Jh. im Chor. Auszüge aus Kirchenbüchern, die in der Kirche ausgestellt werden, berichten vom tragischen Schicksal der Bergleute, die ihr Leben unter Tage ließen, von einbrechendem Fels erschlagen oder zu Tode gestürzt.

Auf dem Frankenberg selbst, dem höchsten Punkt der Stadt, steht malerisch am Rande eines Parks die Kirche **St. Peter und Paul** ⑫ (April–Okt. tgl. 9–18 Uhr, sonst nach Vereinbarung, Tel. 053 21/ 224 64). Sie wurde im 12. Jh. auf kreuzförmigem Grundriss erbaut, um 1240 zog man ein gewölbtes Dach ein. Nach gotischen Veränderungen im 14. und 15. Jh. erhielt sie 1783 ihren heutigen hölzernen Barockhaubenturm. An der Innenseite der Westempore sowie im Mittelschiff sind Wandmalereien aus dem 13. Jh. mit Szenen aus dem Alten Testament erhalten. Hauptaltar, Kanzel und Orgelprospekt zieren barocke Schnitzereien.

Die Frankenberger Gemeinde nutzt das im 14. Jh. gestiftete Hospital und Altenheim **Kleines Heiliges Kreuz** ⑬ heute als Versammlungsort. Dessen schönes Fachwerk stammt aus dem 17. Jh. Ein stark

Im Schoß Marias sitzend segnet Jesus die Gemeinde der Neuwerkkirche

verwitterter romanischer Stein aus der alten Stadtmauer in der Däle zeigt Peter und Paul, die Schutzheiligen der Frankenberger Kirche.

Fast menschengroße Zinnfiguren eines Bergmanns und einer Frau in Harzer Tracht laden zum Besuch des **Zinnfigurenmuseums** ⓮ (Münzstr. 11, tgl. 10–17 Uhr) ein. Unter dem Motto ›1000-jähriges Goslar en miniature‹ stellen diverse Dioramen das kaiserliche, das kirchliche und das bürgerliche Goslar sowie den Bergbau mit Zinnfiguren nach.

Weniger figürlich als abstrakt sind die Ausstellungsobjekte im **Mönchehaus-Museum** ⓯ (Mönchestr. 3, www.moenchehaus.de, Di–Sa 10–17, So 10–13 Uhr). Es zeigt zeitgenössische Werke moderner Künstler von Weltruf in den ehrwürdigen Räumen eines Ackerbürgerhauses von 1528. Unter den Exponaten sind Arbeiten von Joseph Beuys, Max Ernst, Georg Baselitz oder Eduardo Chilida. Die Rauminstallation ›Johannesnacht‹ (1990) von Anselm Kiefer erstreckt sich sogar über mehrere Räume und bis in den Keller. Der jeweilige Träger des *Goslarer Kaiserrings* wird mit einer Sonderschau gewürdigt.

Am sehr belebten, von kleinen Geschäften und Cafés gesäumten Jakobikirchhof erhebt sich das älteste noch genutzte Gotteshaus Goslars. **St. Jakobi** ⓰ stammt von 1073 und präsentiert sich nach mehreren Umbauten als dreischiffige Hallenkirche mit zwei wuchtigen Türmen auf dem Westriegel. Von der großen mittelalterlichen Marienfrömmigkeit zeugt die geschnitzte Pietà von 1515 im nördlichen Kirchenturm, ein spätgotisches Meisterwerk von Hans Witten.

Für die Geschichte Goslars bedeutsam wurde die Kirchengemeinde im Jahr 1528, als sie sich mit der Forderung nach der Einstellung von Geistlichen, die die Lehren Martin Luthers vertreten sollten, an den Stadtrat wandte. So wurde die heute wieder katholische Kirche zur Keimzelle des Protestantismus in Goslar.

Die 1186 geweihte dreischiffige **Neuwerkkirche** ⓱ (März–Okt. Mo–Sa 10–12, Mo–So 14.30–16.30 Uhr, im Winter nur nach Gottesdiensten), eine romanische Pfeilerbasilika mit Querhaus und doppeltürmiger Westfassade, erhebt sich wenige Schritte weiter nördlich. Seit ihrer endgültigen Fertigstellung am Ende des 13. Jh. hat sie ihr Aussehen kaum verändert. Schon beim Eintritt fällt das überlebensgroße Triumphkreuz aus dem frühen 16. Jh. vor der Vierung auf. An einem Pfeiler gegenüber dem Hauptportal setzte sich um 1200 ein Meister Wilhelmus selbst ein Denkmal, indem er das Steinrelief eines Engels mit dem lateinischen Spruchband: »Betrachtet die wundersamen Werke des zu lobenden Steinmetzen« verzierte. Unversehrt erhalten blieben die eindrucksvollen Wandmalereien mit Bibelmotiven aus dem Alten und Neuen Testament. Sehenswert ist auch das Grab des Stifterpaares, des kaiserlichen Vogtes Volkmar von Wildenstein und seiner Frau Helena im linken Seitenschiff. Im *Klostergarten*, der nach alten Vorlagen neu angelegt wurde, duftet es im Sommer nach frischen Kräutern.

Wer nun noch eine dritte Kirche besuchen will, der kann, vorbei an hübschen Fachwerkhäusern, zur 1734 aus Klinker gemauerte **Stephanikirche** ⓲ (Breite Str., April–Okt. Mo 11–12.30, Mi/So 15–16.30, Fr/Sa 11–12.30 und 15–16.30 Uhr) im Osten der Altstadt bummeln. Sehenswert sind die Altarwand mit einer Abendmahldarstellung von 1610 in der Predella, geschnitzte gewendelte Säulen, die die Orgelempore tragen sowie die Kanzel mit einem verzierten Schalldeckel von 1743. Folgt man der Breiten Straße weiter nach Osten, so gelangt man zum *Breiten Tor*, einem besonders wuchtigen Teil der Stadtbefestigung aus dem 15. Jh.

Die markanten Außenanlagen des Besucherbergwerks Rammelsberg beherbergen seit ihrer Erbauung 1937 die Erzaufbereitungsanlagen

TOP TIPP Das Bergwerk im **Rammelsberg** 19 (Bergtal 19, ca. 2,5 km von der Innenstadt entfernt, ab Goslar Hauptbahnhof Bus 808, Tel. 05321/7500, www.rammelsberg.de, tgl. 9–18 Uhr) prägte über ein Jahrtausend die Geschicke der Stadt Goslar und gehört heute zu den bedeutendsten Industriedenkmälern Deutschlands. Bis in 500 m Tiefe bauten Bergleute hier metallhaltiges Gestein ab. Während bis zum Mittelalter Kupfer, Silber und auch Blei gewonnen wurden, legte der moderne Bergbau größeres Gewicht auf Zink und Schwerspat.

Zu den renommiertesten Besuchern des Bergwerks gehört Johann Wolfgang von Goethe. Er ließ sich 1777 und 1784 in die Stollen führen, um dort an seinen Studien zur Bergbautechnik zu arbeiten. Das Feuersetzen, ein unterirdisches Glut- und Flammenspektakel, mit dem die Bergleute versuchten das Erzgestein mürbe zu machen, um es dann besser abbrechen zu können, beeindruckte ihn so stark, dass er es in Szenen zum Faust verarbeitete.

Nachdem am 28. Juni 1988 der letzte Förderwagen den Rammelsberg verlassen hatte, wurde das Bergwerk zum Museum umgebaut. Vom Verpackungskünstler Jean Claude Christo in Stoffbahnen gewickelt ist die Lore unter dem Titel *Package on a hunt* im Bergwerksmuseum ausgestellt. Im Jahr 1992 erhob die UNESCO das Erzbergwerk zusammen

Ordnung musste sein in der Waschkaue, dem Umkleideraum der Bergleute

1000 Jahre Bergbau

Wer glaubt, das Ruhrgebiet sei die Bergbauregion Deutschlands schlechthin, der muss sich im Harz eines besseren belehren lassen: Schon im Jahre 968 begann dort der Bergbau am **Rammelsberg**, und Ausgrabungen belegen, dass auch bei den Menschen der Bronzezeit das Erz des Harzes gute Verwendung fand.

Der Anfang vom Ende des Bergbaus in der Harzregion kam schon an der Wende des 19. zum 20. Jh., als mehr und mehr Schächte erschöpft waren oder nur noch spärliche Renditen brachten. Eine Grube nach der anderen schloss, und im Jahr 1992 ging der Bergbau im Harz mit dem Ende von Schacht Knesebeck endgültig zu Ende.

Heute geben insgesamt 20 historische Bergwerke als Schaugruben einen Einblick in die beschwerlichen Arbeiten unter Tage. In engen Schächten, die oft wenig mehr als einen Meter hoch und 60 cm breit waren, rückten Bergleute dem Felsen mit Schlegel und Eisen zu Leibe. Auch **Kinderarbeit**, zum Erztransport oder dem Zerkleinern der Felsbrocken, war lange üblich.

Doch die Gruben zeugen auch von erstaunlicher **Ingenieurskunst**: Im Silberbergwerk Grube Samson bei Sankt Andreasberg ist noch die im Harz entwickelte paternosterähnliche ›Fahrkunst‹ in Betrieb, die Bergleute zügig und ohne Leitern tief in den Berg transportierte. Ein Meisterwerk frühneuzeitlicher Baukunst ist das ›Oberharzer Wasserregal‹, ein ausgedehntes System von Staubecken und meist unterirdischen Wasserwegen, das seit dem 16. Jh. dem Auswaschen des Gesteins, der Entwässerung der Stollen und dem Transport des Erzes diente.

Faszinierend ist auch die Funktion des **Hydrokompressorenturms** von Bad Grund: Um die Bohrmaschinen unter Tage mit Pressluft zu versorgen, leitete man Wasser über ein ausgeklügeltes Röhrensystem von einem nahen Berg in den Turm über Schacht Knesebeck, versetzte es mit Luft und ließ es in den Schacht darunter ›fallen‹. Über einen Luftabscheider entzog man dem Wasser die komprimierte Luft wieder und leitete sie über Schläuche zu den Maschinen.

mit der Goslarer Altstadt zum Weltkulturerbe.

Nun zeigt das kulturhistorische Museum auf 22 000 m² und in vier Ausstellungshäusern die Entwicklung der Bergbautechnik über 1000 Jahre ebenso wie die Arbeits- und Lebensbedingungen der Bergleute. Die **Waschkaue**, ein großer Umkleideraum, in dem die persönliche Kleidung der Bergleute nach dem Umziehen unter die hohe Decke gezogen wurde, sieht noch heute so aus, als sei gerade eine Schicht eingefahren. Das frühere **Magazin** des Bergwerks beherbergt eine multimediale Ausstellung. Ehemalige Bergleute berichten in Filmen, dazu dröhnen die Geräusche vom Schlagen und Bohren unter Tage.

Auf vier verschiedenen **Führungen** kann sich der Besucher durch die Untertagewelt und die oberirdischen Gebäude leiten lassen, jede mit einer Fülle von Informationen zur Bergbautechnik und der Lebenswelt der Bergleute.

Die Tour durch den **Roeder-Stollen** zeigt den historischen Bergbau. In diesem Stollen aus dem 19. Jh. sind drei riesige Wasserräder zu sehen, die die Bedeutung des untertägigen Wasserkraftsystems verdeutlichen. Es diente zum einen dem Transport des Gesteins aus den Tiefen des Berges, zum anderen der Trockenlegegung der ständig vom ›Absaufen‹ bedrohten Stollen. Bei der zweiten Führung bringt eine **Grubenbahn** die Besucher tief in den Berg hinein. Abbau- und Fördermaschinen demonstrieren dort den Bergbau unter Tage.

Die gigantische **Erzaufbereitung** lernt der Besucher auf einer weiteren Tour kennen. Sie war einst das Herzstück der Übertageanlagen, die sich terrassenartig den Rammelsberg hinaufziehen. Mächtige Maschinen zerkleinerten dort die metallhaltigen Gesteinsbrocken in mehreren Stufen zu feinem Pulver.

Der Abstieg in den **Rathstiefsten Stollen** (nur auf Anmeldung, ab 16 Jahren, Preis ca. 60 Euro p. P.) verspricht besonders eindringliche Erlebnisse. Der Stollen ist über und über mit farbenprächtigen Metallsalzen, den so genannten Vitriolen, bedeckt. Elektrisches Licht gibt es hier nicht mehr, jeder Besucher trägt seine eigene Lampe. Von den Decken tröpfelt Wasser herab, immer wieder müssen steile Leitern erklommen werden. Zum Abschluss des Abenteuers schmeckt das bergmännische Tscherper-Essen besonders gut.

Speisen vor 500 Jahre altem Fachwerk in der Butterhanne zu Goslar

Praktische Hinweise

Information

Tourist Information, Markt 7, 38609 Goslar, Tel. 053 21/780 60, Fax 053 21/78 06 44, www.goslar.de

Hotels

****Kaiserworth**, Markt 3, Goslar, Tel. 053 21/70 90, Fax 05321/70 93 45, www.kaiserworth.de. Komfortables Traditionshotel im historischen Gildehaus aus dem 15. Jh. am Marktplatz.

***Der Achtermann**, Rosentorstr. 20, Goslar, Tel. 053 21/700 00, Fax 053 21/700 09 99, www.hotel-der-achtermann.de. Komfortables Hotel mit Badelandschaft. Harzer Spezialitäten im Restaurant ›Altdeutsche Stuben‹, im Wehrturm der einstigen Stadtbefestigung.

Hotel Gosequell, An der Gose 23, Goslar, Tel. 053 21/340 50, Fax 053 21/34 05 49, www.hotel-gosequell.de. Ordentliche Herberge in nettem Fachwerkbau in der Altstadt. Im Gosequell-Restaurant gibt es Wild, Forellen und andere Harzer Spezialitäten.

Restaurants

Aubergine, Marktstr. 4, Goslar, Tel./Fax 053 21/421 36. Mediterrane Frischeküche in geschmackvoll dekoriertem Lokal am Rande des historischen Zentrums.

Butterhanne, Marktkirchhof 3, Goslar, Tel. 053 21/228 86. Historisches Wirts- und Brauhaus im 500 Jahre alten Filzhutmacherhaus im Zentrum. Hier wird das hausgebraute Gosebier serviert, zusammen mit Wild- und anderen Harzer Spezialitäten.

Haus Gosetal, Clausthaler Str. 39, nur fünf Autominuten vom Zentrum, Goslar, Tel. 053 21/256 98. Gutbürgerliche Küche mit Wildgerichten, eigene Forellenzucht. 11 Zimmer im angeschlossenen Hotel.

Worthmühle, Worthstr. 4, Goslar, Tel. 053 21/434 02. Das obergärige Hausbier Gose heißt nach dem Flüsschen, das einst die Mühle antrieb. Dazu gibt es deftige Harzer Spezialitäten.

2 Seesen

Das größte Historienfest des Nordens und die berühmtesten Klavierbauer der Welt

Seesen (21 500 Einw.) liegt idyllisch am Rand des Harzes, dessen Wälder unmittelbar an den Ort grenzen. Der *Steinway-Kurpark* im Südwesten der Stadt lädt zu geruhsamen Rundgängen, die *Sehusa Wasserwelt* (Engelader Straße 3) sorgt mit ihren Saunen und Solebädern für Abwechslung, sollte das Wetter einmal nicht so schön sein.

Erstmals urkundlich erwähnt wurde die Ansiedlung, als Kaiser Otto II. seinen Besitz Sehusa, das heutige Seesen, im Jahre 974 dem Reichsstift Gandersheim überschrieb. Marktrecht erhielt die Stadt am Rande des Harzgebirges in der zweiten Hälfte des 14. Jh. Aus der Frühzeit der Stadtgeschichte vor dem Barock sind wegen vieler Brände nur wenige Gebäude erhalten, doch dafür prunkt die Stadt heute mit einer Vielzahl stattlicher Fachwerkhäuser aus der Zeit des Barock.

Am Wilhelmsplatz befindet man sich im Zentrum von Seesen – sowohl geographisch wie historisch. Denn hier steht die 1282 erstmals urkundlich erwähnte **Burg Sehusa**, das heutige Amtsgericht (Wilhelmsplatz 1, nicht zu besichtigen). Ein Wappen am Hauptgebäude verweist nur auf den Abschluss einer von vielen Umbaumaßnahmen im Jahre 1592.

Die Burg steht auch im Mittelpunkt des wichtigsten Termins im Jahreslauf der Stadt: Am ersten Septemberwochenende bevölkern weit über 1000 Seesener,

In Bronze gegossen spaziert Wilhelm Busch über die Marktstraße von Seesen

verkleidet als Ritter, Knappen, Burgfräuleins oder Marketenderinnen die Innenstadt rund um die Burg Sehusa. Es entfaltet sich das bunte Treiben des **Sehusa-Festes**, des größten Mittelalterfests in Norddeutschland. Alte Handwerke sind zu sehen, natürlich Folterinstrumente, Ritterkämpfe zu Pferde und Marktstände mit Speis' und Trank.

TOP TIPP

Während sich Seesen zur Zeit des Sehusa-Festes allein an das Mittelalter erinnert, spannt das **Städtische Museum** (Wilhelmsplatz 4, Di–So 15–17 Uhr) im früheren Jagdschloss des Herzogs von Braunschweig von 1707 einen deutlich weiteren Bogen. Neben vielen Exponaten zur Stadtgeschichte informiert eine Dauerausstellung über die Klavierbauerfamilie *Steinweg*, die nach ihrer Auswanderung 1850 in die USA mit der Firma Steinway & Sons zu Weltruhm kommen sollte. Da die industrielle *Dosenfertigung* ab 1830 von Seesen aus ihren Siegeszug durch Deutschland antrat, wird auch sie ausführlich gewürdigt.

Ebenfalls am Wilhelmsplatz befindet sich der **Ratskeller**. In dem 1592 von der Brauergilde erbauten Brau- und Hochzeitshaus fand 1886 die Gründungsversammlung des Harzclubs, des heute mit 90 Zweigvereinen und 16 000 Mitgliedern größten Heimat-, Wander- und Naturschutzbundes des Harzes statt.

Nicht weit vom Städtischen Museum steht die Kirche **St. Andreas** (Hinter der Kirche 1) von 1702. Die Gestaltung des Altars fasziniert: Er wird von einem von acht Säulen getragenen tempelartigen Bau umfangen, auf dem sich die Kanzel befindet. Der Orgel auf der zweiten Empore kommt die gute Akustik des Kirchenraums zu Gute, der häufig für klassische Konzerte (Tel. 053 81/474 74, www.konzert-an-sankt-andreas.de) genutzt wird. St. Andreas ersetzte übrigens die Kirche St. Vitus (Schulplatz, südlich der Sehusa-Burg), von der nur der wuchtige Turm aus dem 13. oder 14. Jh. erhalten ist.

An den großen Autor Wilhelm Busch erinnert eine Bronzefigur vor dem Rathaus. Er lebte von 1898 bis zu seinem Tod 1908 im Stadtteil Mechtshausen und liegt auf dem dortigen Friedhof begraben. Im **Wil-**

Während des Sehusa-Festes ist ganz Seesen in der Hand prächtig ausstaffierter Rittersleut'

Ein gutes Beispiel für den Fachwerkstil des Barock mit seinen klaren Formen und den typischen ovalen Fenstern ist Seesens Städtisches Museum, ein einstiges Jagdschloss

helm-Busch-Haus (Pastor-Nöldeke-Weg 7, Di–So 14–16 Uhr) mit zwei noch im Originalzustand erhaltenen Wohnzimmern wird in einer kleinen Ausstellung seiner in Seesen geschaffenen Werke gedacht.

i Praktische Hinweise

Information

Tourist-Information, Marktstr. 1, 38723 Seesen, Tel. 053 81/752 43, Fax 053 81/752 61, www.seesen.de

Hotel

*****Goldener Löwe**, Jacobsonstr. 20, Seesen, Tel. 053 81/93 30, Fax 053 81/ 93 34 44, www.loewe-seesen.de.
Aus der Poststation des 16. Jh. ist ein schickes Hotel geworden. .

Restaurants

Landhaus Zum alten Fritz, Frankfurter Straße 2, Seesen, Tel. 053 81/94 22 97.
Rustikale Harzer Küche mit mediterranen Anleihen.

Der Schlangenbändiger

Im Zuschauerforum stockt manchem der Atem, wenn Jürgen Hergert vor aller Augen wie ein Schlangenbeschwörer geschickt mit sich windenden Königspythons, Klapperschlangen und Puffottern hantiert. Über 50 000 Besucher bestaunen im Jahr die 1300 Schlangen, Giftspinnen, Piranhas und Echsen in den Terrarien und Aquarien. Und keiner lässt sich die fesselnde Schlangenvorführung entgehen. Das gut 3000 m² große Schlangenparadies zwischen Braunschweig und Goslar in Niedersachsen hat sich aus kleinen Anfängen vor 25 Jahren zur größten Schlangenfarm Europas entwickelt.

Im Sommerhalbjahr werden die Giftschlangen alle sechs Wochen gemolken, denn der Reptilienzoo ist gleichzeitig die einzige Einrichtung in Europa, in der Schlangengift für medizinische Zwecke produziert wird. Allein eine Handvoll Spezialisten weltweit kann sich wie Jürgen Hergert als Schlangenmelker bezeichnen. Die schwierige Kunst verlangt lange Erfahrung und eine hohe Konzentration. Die hochwirksamen Giftstoffe werden zur Produktion von Antiseren verwandt und können bei Schlangenbissen Leben retten. Den überwiegenden Teil der Toxine nutzt die Medizin zur Behandlung von Krankheiten. Spezialisierte Ärzte und Heilpraktiker kombinieren verschiedene Wirkstoffe der Gifte zu einem auf die jeweilige Krankheit abgestimmten Cocktail und verabreichen sie stark verdünnt in homöopathischen Dosen.

Nordharzer Schlangenparadies, an der A 395, 38315 Schladen, Tel. 053 35/17 30, Fax 053 35/19 45, www.schlangenfarm.de. Nov.–Febr. tgl. 9–16, März–Okt. bis 17, April–Sept. bis 18 Uhr, Fütterung der Krokodile und Piranhas So 15 Uhr

3 Vienenburg

Eisenbahngeschichte und Klosterschnaps am Harlywald.

Vienenburgs 11 200 Einwohner und all ihre Gäste dürfen sich glücklich schätzen: Sie haben die Wahl zwischen ausgedehnten Touren durch den herrlichen Lerchenwald des **Harly**, eines im Norden der Stadt gelegenen Höhenzuges, oder Ausflügen in die nahen Wälder des Oberharzes. Auf einem Hügel im Süden des Ortes steht noch heute der Bergfried jener Festung (13. Jh), der Vienenburg seinen Namen verdankt.

Die Eisenbahnstrecke zwischen Braunschweig und Bad Harzburg, an der Vienenburg liegt, nahm 1843 ihren Dienst auf. Schon drei Jahre vorher wurde der älteste noch erhaltenen Bahnhof Deutschlands eingeweiht, in dem ein **Eisenbahnmuseum** (Di, Do, Sa, So 15–17 Uhr) mit einer echten Dampflok, Modellen und allerlei Zubehör eingerichtet wurde.

Benediktinermönche gründeten das **Kloster Wöltingerode** (Wöltingerode 1, www.woeltingerode.de, Klosterladen Mo–Fr 13–16.30 Uhr, Besichtigung Do 15.30 Uhr) im gleichnamigen Vorort von Vienenburg im Jahr 1174. Nach einem verheerenden Brand wurde es 1676 barock überbaut. Eine romanische Krypta unter der Klosterkirche ist das älteste Relikt aus der Gründungszeit. Seit 1682 ist die *Klosterdestille* von Wöltingerode für ihre vorzüglichen Brände und Kräuterliköre bekannt.

i Praktische Hinweise

Information

Touristinformation Vienenburg, Bahnhofstr. 8, 83690 Vienenburg, Tel. 053 24/17 77, Fax 053 24/40 44, www.vienenburg-tourismus.de.

Restaurants

Klosterkrug, bei der Kloster-Kornbrennerei Wöltingerode, Tel. 05324/2046. Ein netter Kaffeegarten lockt mit Blick auf den Brocken.

Rosarium, Am Vienenburger See, Tel. 053 24/71 70 90. Gartenbistro und Eiscafé mit kleiner Küche und großem Blick über den See. Dazu Tret- und Ruderbootverleih.

4 Osterwieck

Fachwerkschönheit mit Schelmenwitz im Norden des Harzes

Es ist die enorme Vielfalt an reich verzierten **Fachwerkhäusern**, die den Reiz Osterwiecks (4000 Einw.) ausmacht. Mal sind es die vorkragenden Geschosse und reich verzierten Konsolen der Renaissance (Mittelstr. 17) die begeistern, mal das reiche Strebenwerk des Barock (Markt 10).

Erstmals wurde der Ort erwähnt, als Karl der Große 780 auf einem seiner Feldzüge gegen die heidnischen Sachsen die Oker überschritt und ›an dem Orte Salingenstede‹, dem heutigen Osterwieck, ei-

An eine Zeit, in der man noch die Uhr nach der Bahn stellen konnte, erinnert das nostalgische Eisenbahnmuseum von Vienenburg

Heilsames Wasser sprudelt aus den Brunnen in der Trink- und Wandelhallle Bad Harzburgs

ne Kirche gründete. Im 18. und 19. Jh. wurde Osterwieck durch seine Handschuhindustrie bekannt.

Das **Heimatmuseum** (Am Markt 1, Di–Do 10–12 und 13–16, So 13–16 Uhr) im Alten Rathaus (1554) zeigt die Ortsgeschichte vom 6000 Jahre alten steinzeitlichen Hockergrab bis zu einer wie vor 100 Jahren eingerichteten Schuhwerkstatt. Natürlich werden auch die verschiedenen Stilmerkmale des niedersächsischen Fachwerkbaus erläutert.

Einen Besuch wert ist der **Schäfers Hof**, ein bestens erhaltener mittelalterlicher Ackerbürgerhof mit Bauerngarten, in dem ein imposanter zehneckiger Taubenturm beeindruckt. Das 1534 erbaute **Eulenspiegelhaus** (Schulzenstr. 8) ist das bekannteste Fachwerkhaus der Stadt. Seinen Namen verdankt es dem geschnitzen Schankwirt mit Bierkanne und Eule.

i Praktische Hinweise

Information

Stadtinformation, Am Markt 1, 38835 Osterwieck, Tel. 03 94 21/294 41, Fax 03 94 21/610 29, www.osterwieck.de

Hotel

****Hotel Brauner Hirsch**, Stephaniekirchgasse 1, Osterwieck, Tel. 03 94 21/79 50, www.hotel-braunerhirsch.de. Gemütliche Zimmer im Fachwerkbau im Zentrum, Restaurant und Weinkeller.

5 Bad Harzburg

Kurbad mit Heilklima, Kasino und Galopprennbahn.

Besonders an der Herzog-Wilhelm Straße, die im südlichen Abschnitt als Fußgängerzone schlicht und treffend Bummelallee heißt, kann man es spüren, das Flair des alten Kurortes Bad Harzburg (25 000 Einw.). Schicke Geschäfte, zahlreiche Cafés und Restaurants säumen dort die Renommiermeile der Stadt.

Geschichte Im Schutze der ab 1065 im Auftrag Kaiser Heinrichs IV. errichteten Harzburg ließen sich bald Siedler nieder. Die Ortschaft wurde seit 1338 Neustadt unter der Harzburg genannt, was im Jahre 1892 auf das heutige Bad Harzburg verkürzt wurde.

Die erste salzhaltige Solequelle, die später den Ruf der Stadt als Kurort begründen sollte, wurde schon 1569 entdeckt, doch zunächst als Werk Juliushall nur zur Salzgewinnung verwendet. Erst ab 1820 begann man, die Quellen für gesundheitsfördernde Solebäder und Trinkhallen zu nutzen. Mitte des 19. Jh., nachdem die Salzgewinnung aufgegeben worden war, verwandelte man schließlich Juliushall in ein Kurhotel, das heute jedoch nur noch auf alten Postkarten existiert.

Besichtigung In der klassizistische Formen aufgreifenden **Trink- und Wandel-**

Faszination Pferdesport: Im Juli liefern sich die besten Vollblüter und ihre Jockeys packende Wettkämpfe auf der Pferderennbahn von Bad Harzburg

halle (Rohkammallee, tgl. 9–12.30 Uhr), erbaut um die Wende zum 20. Jh., sprudelt aus Krodo- und Barbarossaquelle wohltuendes Solewasser. Während der *Kurkonzerte* (Di–So 10.30 Uhr) weht gar einHauch von Belle Époque durch ihre Gänge. So gestärkt, mag so mancher Lust verspüren, sein Glück in der **Spielbank** gegenüber zu versuchen.

Etwas südlich vom Ende der Bummelallee beginnt der Kurpark. Als Einstimmung auf ausgedehnte Wanderungen durch die Wälder des Harzes sollte man hier das **Haus der Natur** (www.haus-der-natur-harz.de, Di–So 10–17 Uhr) mit seiner Walderlebnisausstellung besuchen. In ihrem Mittelpunkt steht die Frage, wie der Wald geschützt und dennoch vom Menschen genutzt werden kann – denn schließlich, so zeigt der besonders bei Kindern beliebte ›Streichholztest‹, ist beispielsweise die Stabilität von Holz enorm. An Hörstationen schildern Mensch und Tier ihr Leben im und mit dem Wald, in Schaukästen werden die Bewohner des Harzes vorgestellt.

Noch weiter südlich, auf der anderen Seite der Bundesstraße, zieht der **Märchenwald** (www.maerchenwald-harz.de, März–Okt tgl. 10–18 Uhr, Nov.–Febr. nur Di–So, Dez.–Jan. nur Fr–So) mit über 100 geschnitzten Holzfiguren aus beliebten Volksmärchen kleine Besucher an.

Vom Kurpark aus führt eine *Bergbahn* (Mitte April–Okt. tgl. 9–17 Uhr, Nov.–Mitte April tgl. 10–16 Uhr) hinauf zur **Harzburg** hoch über der Stadt. Kaiser Heinrich IV. ließ die Festung 1065-68 errichten. Als er während des Sachsenaufstandes 1073 hier belagert wurde, soll er durch einen geheimen Stollen beim Burgbrunnen entkommen sein. Dem vermeintlichen Fluchtweg ins südliche Walkenried folgt heute die 43 km lange Wanderstrecke des *Kaiserwegs* quer durch die herrliche Mittelgebirgslandschaft des Harzes.

Mehrfach zerstört und wieder aufgebaut, ließ Herzog August von Braunschweig-Wolfenbüttel die Harzburg 1650 ein letztes Mal niederreißen. Einige Ruinen sind dennoch erhalten, ein alter Rundbogen zwischen West- und Ostburg, Gräben, Mauerreste, Fundamente. Vom 483 m hohen Burgberg bietet sich zudem ein fantastischer Ausblick über Bad Harzburg und das nördliche Harzvorland – besonders angenehm zu genießen bei einer Tasse Kaffee im *Burgberg Café*.

Das **Schloss Bündheim** im gleichnamigen, nordwestlich des Zentrums gelegenen Ortsteil ließ Herzog Julius 1573 als seinen Amtssitz errichten. Es wurde während des Dreißigjährigen Krieges schwer beschädigt. Später baute man es u. a. mit Bruchsteinen der Harzburg wieder auf. Heute finden hier Konzerte und andere

Kulturveranstaltungen statt. Noch etwas weiter nördlich befindte sich der Sportpark von Bad Harzburg. Auf der dortigen Pferderennbahn findet im Juli mit TOP TIPP der **Galopprennwoche** der alljährliche Saisonhöhepunkt statt.

Wanderungen

1859 bereicherten die Stadtväter Bad Harzburgs die ohnehin schon außerordentlich malerisch von den Höhen des Harzes herabsprudelnde Radau um den künstlich geschaffenen **Radaufall**. Mit dem Auto sind die 22 m hohen Fälle von Bad Harzburg aus in wenigen Minuten erreicht, doch es lockt auch eine rund 16 km lange und in 5 Stunden zu bewältigende, gut ausgeschilderte Wanderung.

Sie startet beim Berliner Platz in Bad Harzburg und führt zunächst nach Osten auf den Burgberg. Von dort kommt man auf kurvenreicher Strecke zum sog. *Friedenskreuz*. Bald wendet man sich nach Süden und erreicht die Rabenklippe, wo ein Gasthaus zur Rast lädt. Beim nahen **Luchsschaugehege** können sich Besucher über das Auswilderungsprogramm des Nationalparks informieren.

Von dort geht es weiter Richtung Südwesten zur *Waldgaststätte Molkenhaus*. Am Winterberg vorbei senkt sich der Weg über die Rudolfsklippe bald zum Radauwasserfall. Ein Stieg führt auf den 22 m hohen Felsen, über den das mittels eines Grabens hierher geleitete Wasser der Radau in die Tiefe stürzt. Von hier kehrt man über den Philosophenweg (oder per Bus) zurück nach Bad Harzburg.

i Praktische Hinweise

Information

Tourist-Information, Herzog-Wilhelm-Str. 86, 38667 Bad Harzburg, Tel. 053 22/753 31, Fax 053 22/753 29, www.bad-harzburg.de.

Camping

Freizeitoase Harz Camp, Bad Harzburg-Göttingerode, Tel. 053 22/812 15, Fax 053 22/87 75 33, www.harz-camp.de. Schöne Waldrandlage oberhalb von Bad Harzburg, gepflegte Sanitäreinrichtungen, Sauna- und Badeanlage.

Hotels

***__Braunschweiger Hof__, Herzog-Wilhelm-Str. 54, Bad Harzburg, Tel. 053 22/78 80, Fax 053 22/7884 99, www.hotel-braunschweiger-hof.de. Solide Gastlichkeit mit gepflegten Zimmern, Bade- und Wellnessbereich sowie gutem Angebot im Hotelrestaurant Behnecke.

**__Hotel Rosenau__, Goslarsche Str. 9, Bad Harzburg, Tel. 053 22/22 57, Fax 053 22/96 14 35, www.rosenauhotel.de. Gepflegte Hotelpension in restaurierter Stadtvilla, ruhige Lage und netter Blick über Bad Harzburg.

Restaurants

TOP TIPP **Café Winuwuk**, Waldstr. 9, Bad Harzburg, Tel. 053 22/14 59, Mo geschl. Leckerer Kuchen und kleine Speisen im künstlerisch-expressionistischen Ambiente der benachbarten Sonnenhof Galerie.

Molkenhaus, in der Nähe des Radauwasserfalls, Tel. 053 22/510 10. Rustikale Harzgerichte, nachmittags Kuchen. Freitags Wildfütterung.

Waldgasthaus Rabenklippe, Rabenklippe, Tel. 053 22/28 55. Bodenständige Küche an der wildromantischen Klippe, das Luchsgehege gibt es als Dreingabe.

Kaum zu glauben, aber wahr: Der Radaufall wurde von Menschenhand geschaffen

Am Ufer des Forellenteichs von Ilsenburg lässt es sich aushalten. An seinem Ufer lockt mit den Forellenstuben (rechts) das beste Restaurant der Harzregion

6 Ilsenburg

Kleinod am Harzrand und Ausgangspunkt eines romantischen Wanderwegs zum Brockengipfel.

Dort, wo das munter sprudelnde Flüsschen Ilse den Harz verlässt, liegt die gut 7000 Einwohner zählende Stadt Ilsenburg. Den **Forellenteich** mitten im Ort begleitet eine sehr ansprechend gestaltete Promenade. Ein Bummel durch Ilsenburg führt an sorgsam restaurierten, verwinkelten Bürgerhäusern vorbei, an alten Schmieden, Mühlen und Kirchen.

Südöstlich des Marktplatzes erreicht man die schon im 9. Jh. errichtete, 995 erstmals als königliche Jagdpfalz erwähnte und nach einem Erlenwald benannte Elysinaburg. Sie ist die Keimzelle des Ortes. Heinrich II. verschenkte sie im Jahr 1003 an den Bischof von Halberstadt, der sie anschließend zu einem **Benediktinerkloster** (www.klosterilsenburg.de) umbauen ließ. Während des Bauernkrieges wurde das Kloster 1525 schwer beschädigt und anschließend als protestantische Klosterschule genutzt. Im Jahr 1609 gelangte es in den Besitz der Grafen von Stolberg-Wernigerode, die das Kloster zu ihrer Residenz umbauten. Trotz der erwähnten Zerstörungen im Bauernkrieg sowie diverser Umbauten ist von der alten Klosteranlage noch ein sehenswerter Teil erhalten, darunter der im 12. Jh. erbaute Südflügel mit dem Refektorium und reich verzierten Säulenkapitellen sowie der Ostflügel mit der Sakristei, dem Kapitelsaal sowie der alten Küche und Wärmestube.

Die Klosterkirche **St. Peter und Paul** (Mai–Okt. tgl. 10–16, Nov.–April Mo–Fr 10–14, Sa–So 11–12 Uhr) wurde bereits im 11. Jh. als kreuzförmige romanische Basilika erbaut. Der *Hochaltar* ist ein Meisterstück barocker Schnitzkunst. In den Überresten eines Gipsestrichbodens aus dem 12. Jh. im Westteil des Langhauses sind Ornamente von Tieren und Fabelwesen eingeritzt und farbig verziert. Von den früheren Doppeltürmen ist nur der massive Stumpf des südlichen Westturms erhalten. Da das nördliche Schiff der Basilika nicht mehr vorhanden ist, wurde die frühere Säulenreihe zum Hauptschiff zu einer Wand verstärkt.

Vom Wasser der Ilse betriebene Schmieden und Hüttenwerke haben in Ilsenburg eine lange Tradition. Schon 1546 nahm hier der erste Hochofen im Harz seinen Betrieb auf. Die 1530 gegründete Eisenmanufaktur und Kunstgießerei **Fürst Stolberg Hütte** (Schmiedestr. 16, Mo–Fr 14 Uhr Betriebsbesichtigung und Schaugießen) hat seit jeher einen vorzüglichen Ruf, ihre Produkte waren in ganz Europa bekannt und wurden in viele Länder exportiert. Noch immer fertigen die Gießer hier qualitätvolle Gartenmöbel, Leuchter oder Blumenständer.

Vertiefte Informationen bietet das **Hütten- und Technikmuseum** (Marienhöfer

Str. 9 b, Mo–Di, Do–Fr 13–16, Sa 14–16.30 Uhr). Es beleuchtet die Techniken der Metallgewinnung und -verarbeitung der letzten 500 Jahren und setzt sie in Beziehung zur Entwicklung der Stadt. So gut war der Ruf der hiesigen Industrie, dass schon der russische Zar Peter I. 1697 in Ilsenburg gastierte, um sich über die Kunst des Eisengießens zu informieren.

Wanderungen

Ilsenburg ist Ausgangspunkt für viele Harzwanderungen. Ein Wegenetz von insgesamt 250 km Länge führt durch Mischwälder und auf die Berge des direkt angrenzenden Nationalparks. Einer der schönsten ist nach Heinrich Heine benannt: Im Jahre 1824 ließ sich der Dichter bei seiner Brockenwanderung von der bezaubernden Landschaft und ihren vielen Sagen und Geschichten inspirieren und besang später die verführerische Ilse und ihren plätschernden und glucksenden Weg zu Tal.

TOP TIPP Zitate aus Heines Harzreise begleiten den **Heinrich-Heine-Weg** (26 km hin und zurück, weiß-grün-weiß markiert). Er führt durch das von Bu-

Auf den Spuren eines Dichters

»Den Herbst machte ich eine Fußreise nach dem Harz, den ich die Kreuz und Quer durchstreifte, besuchte den Brocken, so wie auch Goethe auf meiner Rückreise über Weimar. (...) Unvergesslich bleiben mir die Täler der Bode und Selke. Wenn ich gut haushalte, kann ich mein ganzes Leben lang meine Gedichte mit Harzbäumen ausstaffieren ...« schrieb Heinrich Heine an seinen Lüneburger Freund Rudolf Christiani. Mit der 1824 entstandenen und zwei Jahre später veröffentlichten ›**Harzreise**‹ begründet Heine seinen Ruf als Schriftsteller. Der Reisebericht über eine Harzwanderung von Göttingen über Osterode, Clausthal, Zellerfeld, Goslar, den Brocken und Ilsenburg im September 1824 verbindet auf meisterhafte Weise Reise- und Naturbeschreibungen mit ironisch respektloser Kritik an den aktuellen politischen und literarischen Verhältnissen in Deutschland. Immer wieder karikiert er den deutschen **Spießbürger** und kontrastiert die Schönheit der Natur mit der Sinnenfeindlichkeit seiner christlichen Mitmenschen.

Der einfach 13 km lange Wanderweg durch das bewaldete, romantische Ilsetal hinauf zum Brocken trägt inzwischen Heines Namen und ist mit Zitaten aus seiner ›Harzreise‹ geschmückt. »Es ist unbeschreibbar, mit welcher Fröhlichkeit, Naivität und Anmut die Ilse sich hinunterstürzt über die abenteuerlich gebildeten Felsstücke, die sie in ihrem Laufe findet, sodass das Wasser hier wild emporzischt oder schäumend überläuft, dort aus allerlei Steinspalten, wie aus tollen Gießkannen, in reinen Bögen sich ergießt und unten wieder über die kleinen Steine hintrippelt, wie ein munteres Mädchen«. Auf dem Gipfel des Brockens erinnert ein Heine-Denkmal an den Dichter und Schriftsteller.

chenwäldern bestandene Ilsetal hinauf zum Brocken. Feuersalamander und Wasseramsel leben hier, auch der Auerhahn, sogar Waschbären und einige scheue Luchse. Bei der Wandermarkierung ›Blochhauer‹ im Süden Ilsenburgs zweigt ein Weg hinauf zum Ilsestein ab, einer weithin sichtbaren Granitklippe. Wer ihre 474 m hohe Spitze bis zum Gipfelkreuz erklimmt, kann von der sagenhaften Prinzessin Ilse träumen, die hier gelebt haben soll. Zumindest lassen sich Reste einer Befestigung erkennen, die einst Schutzvögte des Klosters haben anlegen lassen. Ein fantastischer Blick über Ilsenburg, das Ilsetal und bis zum weniger als 10 km Luftlinie entfernten Brocken belohnt die Mühe des Aufstiegs.

Bei den **Ilsefällen** stürzt sich die Ilse rauschend über wuchtige Felsen und Klippen zu Tal. Anschließend geht es über die Stempelsbuche, die Hermannsklippe und die Bismarckklippe zum 1142 m hohen Brocken hinauf. Zurück könnte es rund um die 1040 m hohe Heinrichshöhe und am Bachbett der Ilse entlang zurück zu ihren Fällen gehen. Wer jetzt noch Ausdauer hat, wandert nicht den Aufstiegsweg durchs Ilsetal, sondern gönnt sich einen Abstecher zur Plessenburg, umkurvt die Paternosterklippe zum Ilsestein und erreicht von dort nach insgesamt 26 km erschöpft und glücklich wieder Ilsenburg.

Ausflug

Die Stiftskirche St. Vitus gehört wie das gesamte **Kloster Drübeck** (www.kloster-druebeck.de, Kirche und Gärten tgl. 7–18.30 Uhr, Führungen tgl. 14 Uhr, April–Okt. auch So 11 Uhr) zur sachsen-anhaltinischen *Straße der Romanik*. Die unter Otto I. im Jahre 960 erstmals erwähnte und mit besonderen Privilegien ausgestattete Benediktinernonnenabtei wandelte Graf Stolberg-Wernigerode 1732 zu einem Damenstift um. Heute betreibt das Diakonische Werk hier ein Tagungszentrum, in dem auch Individualtouristen übernachten können.

Im Inneren der im späten 10. Jh. entstandenen romanischen *Stiftskirche St. Vitus* fallen die flache Balkendecke und der einfache Stützwechsel mit Überfangbögen auf, auch Echternacher Stützenwechsel genannt. Sehr schön ist der zweiflüglige, geschnitzte Altar aus der Zeit um 1500 im Chor und das Triumphkruzifix aus dem 15. Jh. Der wunderbar bestickte Altarschmuck aus dem 14. Jh. verschwand aus konservatorischen Gründen hinter Plexiglas im Äbitssinnenhaus und ist bei Führungen zu sehen.

Die historischen Klostergärten mit herrlichen Rosen und Obstbäumen sowie einer 250-jährigen Sommerlinde im Innenhof sind nach Plänen von 1737 angelegt.

Inmitten der grünen Wiesen und Felder des nördlichen Harzvorlandes liegt Kloster Drübeck

Praktische Hinweise

Information

Tourist-Information, Marktplatz 1, 38871 Ilsenburg, Tel. 03 94 52/194 33, Fax 03 94 52/990 67, www.ilsenburg.de

Hotels

TOP TIPP *****Zu den Rothen Forellen**, Marktplatz 2, Ilsenburg, Tel. 03 94 52/93 93, Fax 03 94 52/93 99, www.rotheforelle.de. Gepflegter Luxus am See, mit Landhauszimmern und Top-Restaurant.

***Kurpark-Hotel Im Ilsetal**, Ilsetal 16, Ilsenburg, Tel. 03 94 52/95 60, Fax 03 94 52/956 66, www.kurparkhotel-ilsenburg.de. Moderne Zimmer im Eichenhain, ruhig am Ortsrand gelegen.

Restaurants

TOP TIPP **Forellenstube**, Marktplatz 2, Ilsenburg, Tel. 03 94 52/93 93. Das zum Hotel ›Zu den Rothen Forellen‹ gehörige Gourmetrestaurant gilt als bestes in ganz Sachsen-Anhalt.

Müllers Fisch und Speisewirtschaft, Hochofenstraße 3, Ilsenburg, Tel. 03 94 52/24 91. Zwei Dutzend Fischgerichte, aber auch Ungewöhnliches, wie Pferderouladen (Mi geschl.).

Stadt Stolberg, Faktoreistr. 5, Ilsenburg, Tel. 03 94 52/95 10. Regionale, gut bürgerliche Küche zu vernünftigen Preisen. Auch das Hotel ist empfehlenswert.

Sogar Kaiser Wilhelm kam nach Wernigerode, um dieses Schloss zu bewundern

7 Wernigerode

Plan Seite 42

TOP TIPP *Lebendige Stadt am nördlichen Harzrand mit Märchenschloss und reichem historischem Erbe.*

›Bunte Stadt am Harz‹ nannte der norddeutsche Heimatdichter Hermann Löns Wernigerode nach einem Aufenthalt 1907 und würde das bei einem Besuch auch heute noch wiederholen können. Lebhaft geht es zu am Marktplatz und entlang der Breiten Straße, Besucher aus aller Herren Länder erfreuen sich an den bestens restaurierten Fachwerkhäusern aus dem 14.–18. Jh. mit ihren farbenprächtigen Schnitzereien und originellen Sinnsprüchen. Vom 350 m hohen Agnesberg grüßt das spektakuläre Wernigeröder Schloss mit seinem hoch aufragenden Bergfried herüber.

Geschichte Wie viele andere Harzorte mit der Namensendung ›-rode‹ ist auch Wernigerode während der großen Rodungsperiode um das Jahr 1000 entstanden. Die ersten Bäume fielen auf dem leicht erhöhten **Klint**, dem ältesten Quartier der Stadt. Im Jahre 1121 wurde Wernigerode erstmals urkundlich erwähnt, die Grafen von Hildesheim ließen damals eine Residenz errichten. 1229 erhielt die Siedlung Stadtrechte.

Um seinen Arbeitsplatz dürften den Bürgermeister von Wernigerode viele Kollegen beneiden: Am Marktplatz steht das bezaubernde Fachwerkrathaus der ›Bunten Stadt am Harz‹

Am Kreuzungspunkt zweier Handelsstraßen gelegen, entwickelte sich Wernigerode im Mittelalter zur wohlhabenden Kaufmannsstadt. Vor allem Holzwirtschaft und die Herstellung von Tuchwaren mehrten den Reichtum. Doch ein **Pestausbruch** am Ende des 16. Jh., verheerende Brände und der Dreißigjährige Krieg mit dem abwechselnden Einfall kaiserlich-katholischer und protestantischer Truppen setzten der Stadt böse zu.

Anfang des 19. Jh., während der Herrschaft Napoleons, gehörte Wernigerode zum Königreich Westfalen seines Bruders Jérôme. Doch schon 1822 fiel die Stadt an Preußen. Ende des 19. Jh. fand die Stadt mit dem Bau der **Harzquerbahn** Anschluss an das Verkehrswegenetz Deutschlands. Dies beflügelte nicht nur die Industrie sondern auch den **Fremdenverkehr**, der durch die Besuche der Kaiser Wilhelm I. und Wilhelm II. weiteren Anschub erhielt.

Wernigerode hat die Fördergelder nach der Wiedervereinigung 1989 gut genutzt. Umfangreiche Restaurierungen und gute Vermarktung heben die Stadt von anderen Orten vergleichbarer Größe positiv ab. Der Zustrom von Touristen nimmt weiter zu, gleichzeitig kann die Stadt mit Werken für Autoteile, Arzneimittel aus Heilkräutern oder als Produktionsstätte der Hasseröder Brauerei wirtschaftlich punkten.

Besichtigung Der von Cafés, Restaurants und Fachwerkgebäuden gesäumte Marktplatz ist das Zentrum der Altstadt. Unübersehbarer Blickfang ist das spätgotische **Rathaus** 1 mit seinem dekorativen Fachwerk und Fassadenschmuck. Ein 1277 erstmals erwähnter Vorgängerbau diente lange als ›Gräfliches Spielhaus‹, in dem neben Gerichtsverhandlungen auch Versammlungen und Feiern stattfanden. Nach dessen Abriss begann man Ende des 15. Jh. mit der Errichtung des heutigen Rathauses. Auf den massiven Unterbau aus Bruchstein wurde ein Fachwerkgeschoss gesetzt, mit Freitreppe, zwei spitzen Erkertürmen und einem Steildach. Unter den Stützbalken zieren 33 geschnitzte Figuren, Spielleute, Handwerker und Tänzer die Seiten und die Gebäudefront.

Den **Wohltäterbrunnen** auf dem Marktplatz fertige 1848 die Kunstgießerei Fürst

Stolberg Hütte in Ilsenburg. Wappenschilder am oberen Becken verweisen auf Adelige, das mittlere Becken ehrt verdiente Bürger. Die jüngste Plakette erinnert an den Wehrmachtsoberst Gustav Petri, der als Stadtkommandant im April 1945 kurz vor der Kapitulation des Deutschen Reichs die ›Verteidigung des Ortes bis zum Letzten‹ verweigerte, um sinnlose Opfer zu vermeiden und dafür im selben Monat standrechtlich erschossen wurde.

Das **Café Wien** 2 (Breite Str. 4, tgl. 8–18 Uhr) in einem Fachwerkbau von 1583 unweit des Marktplatzes ist eine Wernigeröder Institution. Seit mehr als 100 Jahren lädt das Café mit eigener Konditorei Bürger und Besucher der Stadt ein zu Kaffee und Kuchen.

Die Galerie des **Wernigeröder Kunst- und Kulturvereins** 3 (Marktstr. 1, www.kunstverein-wernigerode.de, Di–So 11–17 Uhr) zeigt Wechselausstellungen, regelmäßig finden auch Jazz- und Kabarettveranstaltungen statt. Originelle Mitbringsel kann man bei den verschiedenen im gleichen Haus beheimateten Kunsthandwerkern erstehen.

Die Gasse zwischen Rathaus und Gothischem Haus, dem besten Hotel am Platze, führt zum **Harzmuseum** 4 (Klint 10, Tel. 039 43/65 44 54, Mo–Sa 10–17 Uhr). Reich verzierte Türschlösser, Zinngeschirr und Flinten dokumentieren die lange Handwerkstradition Wernigerodes. Eine eigene Abteilung erklärt die unterschiedlichen Methoden des Fachwerkbaus, eine wohlsortierte Mineraliensammlung und Fossilien führen in die Erdgeschichte des Harzes ein.

Folgt man vom Harzmuseum dem Klint noch etwas weiter, ist **St. Sylvestri** 5 (Oberer Pfarrkirchhof) schnell erreicht. Genau hier begannen vor über 1000 Jahren die Rodungen, hier stand mit der Pfarrkirche St. Georg das erste Gotteshaus der Siedlung. Im 13. Jh. wurde das Kirchlein umgebaut und fungierte fortan als Klosterkirche des Chorherrenstifts St. Sylvester. Ende des 19. Jh. erhielt die Kirche ein neugotisches Äußeres, während im Inneren die gewaltigen Pfeiler im Mittelteil und die Reste des Querschiffes aus romanischer Zeit erhalten blieben. Rechts vom Eingang steht ein kunstvoll gestalteter Eichenholzschrank aus der Mitte des 13. Jh. Der Altarschrein von 1480 kam aus Brüssel nach Wernigerode.

Eigentlich füllte man 1774 nur eine schmale Baulücke – und schuf eine ganz besondere Sehenswürdigkeit. Denn errichtet wurde das **Kleinste Haus** 6 (Kochstr. 43, tgl. 10–17 Uhr) von Wernigerode. Es scheint unglaublich, dass der Schaffner und dessen Familie, die es im frühen 20. Jh. bewohnten, mit dem 10 m² großen Hauptraum in dem 2,95 m breiten und bis zur Dachtraufe nur 4,20 m hohen spätbarocken Fachwerkgebäude auskamen.

Weiter nordöstlich in der nächsten Parallelstraße erhebt sich die barocke **Liebfrauenkirche** 7 (Burgstr.). Sie wurde zwischen 1756–1762 errichtet und zur Goldenen Hochzeit des Grafen Stolberg-Wernigerode geweiht. Das Innendekor ist protestantisch-schlicht in dunklem Holz gehalten. Im Rahmen einer *Führung* (Fr 14–16, Sa/So 13–16 Uhr) kann man den Westturm besteigen, die Aussicht über Wernigerode lohnt.

Der Berliner Kornhändler Heinrich Krummel ließ sich 1674 ein repräsentatives Haus im Zentrum bauen, das seitdem schlicht **Krummel'sches Haus** 8 (Breite Str. 72) genannt wird. Alles andere als schlicht präsentiert sich die Fassade: Unter den Fenstern der oberen Etagen zieren sie geschnitzte Halbreliefs in Kassettenfächern, die symbolische Darstellungen der vier Erdteile, aber auch einen unbestechlichen Richter und Schutzmasken zur Abwehr des Bösen zeigen.

Im Norden des historischen Stadtkerns ruft die Kirche **St. Johannis** 9 (Pfarrstr.) seit 1279 die Gemeinde der Neustadt zum Gottesdienst. Ein spätgotischer ausklappbarer Schnitzaltar aus dem frühen 15. Jh., ein Kruzifix aus der Zeit um 1500,

Überaus verlockend ist die reiche Kuchenauswahl im herrlich altmodischen Café Wien

dazu ein Taufstein von 1569 mit Luther-Bildnis gehören zu den wichtigsten Kirchenschätzen.

TOP TIPP Seit dem 15. Jh. ist das **Schloss Wernigerode** ⑩ (Am Schloss 1, www.schloss-wernigerode.de, Mai-Okt. tgl. 10–18, Nov.–April Di–Fr 10–16 Uhr) auf dem Agnesberg Stammsitz der Grafen zu Stolberg-Wernigerode. Schon 1110 begründet, baute es der Architekt Carl Frühling ab 1862 im Auftrag von Graf Otto zu Stolberg-Wernigerode (1837–1896) im Stil des damals populären *Historismus* um. Der Schlossherr wurde in seiner glänzenden politischen Karriere zum Vizekanzler unter Bismarck und besaß ausgedehnte Ländereien und mehrere Fabriken, die es ihm ermöglichten, bei der Umgestaltung des Schlosses weniger auf die Kosten als auf ein ausgeklügeltes Bauprogramm zu achten. Leitender Gedanke scheint dabei die Vermeidung von Langeweile gewesen zu sein: Sowohl Innen wie Außen vermied man alle Symmetrien, jeden der 250 Räume versah Frühling mit unterschiedlichen Decken, Böden und Wandverkleidungen. Umrundet man den Bau, so zeigt er nach jedem Achtel eine neue Silhouette.

Vor der Wende beherbergte das Schloss ein Feudalmuseum, in dem der Arbeiter- und Bauernstaat seinen Bürgern das marxistische Geschichtsbild nahe brachte, Folterkammer inklusive. Heute bemüht man sich, die Räume des Schlosses wieder in jenen Zustand zu bringen, wie sie Graf Otto Ende des 19. Jh. gestalten ließ. Besonders gut ist das im Festsaal gelungen, wo eine prachtvoll eingedeckte Tafel mit den herrlichen Ausblicken auf die umliegende Landschaft konkurriert. 50 weitere Räume, darunter die Schlosskirche im Stil französischer Gotik, das Billardzimmer und der Rauchsalon mit einem schönen Kamin zeigen, was ein vermögender Adeliger des 19. Jh. unter ›Schöner Wohnen‹ verstand. *Sonderausstellungen* im Frühlingsbau zur Geschichte und Kultur jener Zeit, Konzerte und Theateraufführungen sowie die sehenswerten *Parkanlagen* runden das Angebot für Besucher des Schlossberges ab.

Mit dem **Museum für Luftfahrt und Technik** ⑪ (Gießerweg 1, Wernigerode, Mo–Di 10–15, Mi–So 10–17 Uhr) verbirgt sich eine wenig bekannte Attraktion im Industriegebiet von Wernigerode. Vom Lockheed F-104 G Starfighter bis zum sowjetischen Suchoi 22 M4 Kampfbomber sind 17 Flugzeuge zu bestaunen, dazu sechs Hubschrauber, diverse Modelle und Flugzeugtriebwerke.

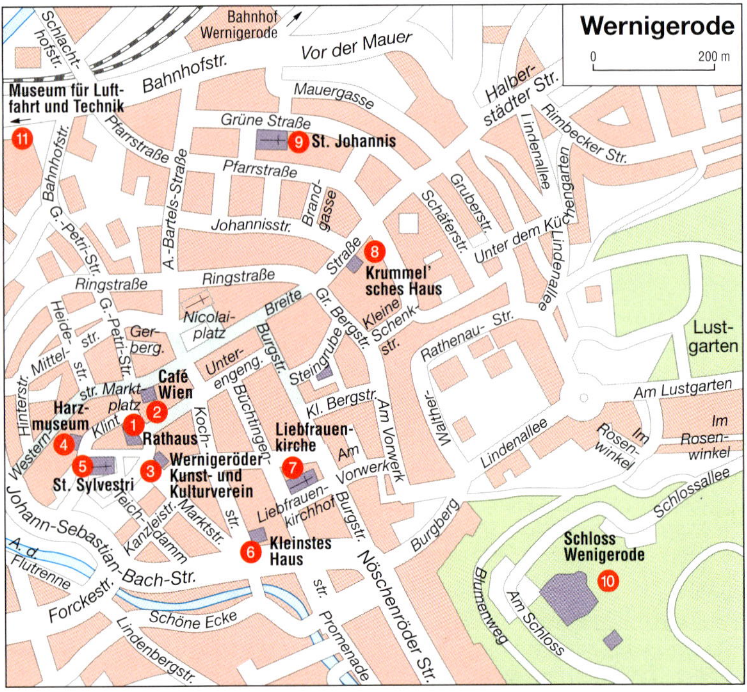

Beim Bau der Schlosskirche orientierte sich Carl Frühling am Stil der französischen Gotik

Wanderungen

Die **Harzquerbahn** verbindet Wernigerode mit dem 60 km entfernten Nordhausen. Mit ihr erreichen Urlauber angenehm und zügig attraktive Startpunkte zu Dutzenden von Wanderwegen.

Eine besonders ansprechende, 9 km lange Rundtour beginnt bei der Bahnstation Steinerne Renne in der Nähe eines ehemaligen Granitabbaugebiets. Sie begleitet zunächst den Lauf des Flüsschens Holtemme durch wunderbaren Lerchenwald bis zur Rennen- oder Wodansklippe. Von dort knickt der mit einer roten Scheibe markierte Weg Richtung Ottofels nach links ab und folgt dem Lauf des Braunen Wasser zum Drängetal. Kurz vor Hasserode geht es erneut nach links, und entlang der Strecke der Harzquerbahn ist zügig wieder der Bahnhof Steinerne Renne in Sicht.

Praktische Hinweise

Information

Wernigerode Tourismus,
Nicolaiplatz 1, 38855 Wernigerode,
Tel. 039 43/63 30 35, Fax 039 43/63 20 40,
www.wernigerode-tourismus.de

Hotels

TOP TIPP ****__Gothisches Haus__, Marktplatz 2, Wernigerode, Tel. 039 43/67 50, Fax 039 43/675 55, www.tc-hotels.de. Gepflegte Herberge in historischen Gemächern mit zwei guten Restaurants und farbenfroher Wellnessoase.

***__Hotel am Anger__, Breite Str. 92, Wernigerode, Tel. 039 43/923 20, Fax 039 43/92 32 50, www.hotel-am-anger.de. Idyllische ruhige Lage inmitten der Altstadt. Einige Zimmer mit Blick aufs Schloss.

***__Weißer Hirsch__, Marktplatz 5, Wernigerode, Tel. 039 43/60 20 20, Fax 039 43/63 31 39, www.hotel-weisser-hirsch.de. Komfortable Zimmer in schönem Fachwerkbau, herzhafte Harzer Spezialitäten im Hotelrestaurant.

Restaurants

Baumkuchen-Café, Ilsenburger Str. 5, Wernigerode, Tel. 039 43/63 27 26. Alles über die Kunst des Baumkuchenbackens einschließlich des Verzehrs (Mo–Sa 9–18, Schaubacken Fr/Sa 14–16 Uhr).

Schlossterrassen, Am Schloss 2, Wernigerode, Tel. 039 43/232 12. Gutbürgerliche Harzer Küche, im Sommer auf der Terrasse, hausgebackener Kuchen (tgl. 10–18 Uhr, im Winterhalbjahr Mo geschl.).

Waldgasthaus Armeleuteberg,
Armeleuteberg 1, Wernigerode,
Tel. 039 43/63 22 79. Traditionsgasthof mit gepflegter Harzer Hausmannskost wie Wildschweingulasch oder warmen Hefeklößen mit Heidelbeeren (tgl. 10–18 Uhr, Nov.–März Mo/Di Ruhetag).

Wie zwei ungleiche Brüder stehen sich Dom und Liebfrauenkirche in Halberstadt gegenüber

8 Halberstadt

Plan Seite 46

Bischofsstadt seit 1200 Jahren

Dank der Sanierungsbemühungen seit der Wende ist die historische Altstadt von Halberstadt (39 5000 Einw.) rund um den Dom heute wieder eine Perle des Harzvorlandes. Das war nicht immer so, denn ein Luftangriff während des Zweiten Weltkrieges zerstörte etwa 82 % der Stadt. Die Stadt liegt knapp 16 km nordöstlich des Harzes in einer vom Flüsschen Holtemme durchflossenen Senke, eingerahmt von den 300 m hohen Hügeln des Huy im Norden und den flachen Kuppen der Soiegelberge im Süden.

Geschichte 814 verlegte Kaiser Ludwig der Fromme (778–840) den **Bischofssitz** für den Osten seines Frankenreiches vom heutigen Osterwieck nach Halberstadt. Von hier aus wurde die Missionierung der sächsischen Länder betrieben. Im Mittelalter profitierte Halberstadt von seiner Nähe zu den Erzabbaugebieten des Harz und erlebte eine Phase des Wohlstands, dem die Stadt ihre reiche Fachwerkarchitektur verdankte. Nach dem Ende des Dreißigjährigen Krieges kam die Stadt zum Kurfürstentum Brandenburg. Der Anschluss an das Eisenbahnnetz Mitte des 19. Jh. brachte den wirtschaftlichen Aufschwung, und so leistet sich Halberstadt schon seit mehr als 100 Jahren eine Straßenbahn. Heute hat Halberstadt mit dem Strukturwandel nach der Wiedervereinigung 1989 zu kämpfen.

Besichtigung Auch wenn der historische Kern Halberstadts der Domplatz ist, beginnt dieser Rundgang am Holzmarkt. Vor dem **Rathaus** ❶ von 1998 wacht der älteste *Roland* der Harzregion aus dem Jahr 1433 mit erhobenem Schwert über die Münz-, Zoll- und Marktrechte der Stadt – auch wenn sie längst verloren gingen. Die nach historischem Vorbild teils mit Spendengeldern wieder aufgebaute Ratslaube am Rathaus zeugt vom ungebrochenen Bürgerstolz der Halberstädter.

Zwischen Rathaus und Dom erhebt sich mit der dreischiffigen **Martinikirche** ❷ die Pfarrkirche der Altstadt. Ihre beiden unterschiedlich hohen Türme dienten im Mittelalter als Wachtürme. Die kreuzgratgewölbte gotische Halle mit Querhaus stammt aus der ersten Hälfte des 14. Jh. Ein mit Reliefs verzierter bronzener Taufkessel aus dem Jahre 1300 ist ihr ältestes Inventarstück. Die geschnitzte Renaissancekanzel stammt von 1595, der reich geschmückte Barockaltar aus dem Jahre 1696.

Der 1236 begonnene und erst 1486 fertig gestellte doppeltürmige Dom TOP TIPP **St. Stephanus und St. Sixtus** 3 (Domplatz, Domschatz Di–Sa 10–17, So 11–17 Uhr, Dom auch Mo geöffnet) ist eine der schönsten gotischen Kathedralen Deutschlands. Hohe Gewölbe überspannen das lang gestreckte Mittelschiff der Kreuzbasilika. Eine filigraner Lettner trennt den Hochchor vom Querschiff. Davor hängt das hölzerne Triumphkreuz von 1220 von der Decke. Die kleine *Marienkapelle* aus dem 14. Jh. bildet den Abschluss des Kirchenbaus nach Osten. Ihre Glasmalereien stammen ebenso wie jene des Chorumgangs aus dem 14. und 15. Jh. Ein romanischer Taufstein aus Rübeländer Marmor steht im Westteil des Doms.

Der kostbare **Domschatz** (bis April 2008 nur im Neubau beim Kreuzgang) zeugt noch heute von der Bedeutung, die das Halberstädter Bistum im Mittelalter hatte: Prachtvolle Goldschmiedearbeiten wie das silberne Armreliquiar des hl. Nikolaus, der meisterlich gefertigte *Christus-Apos-*

Gotik in Vollendung präsentiert sich dem Besucher im Dom von Halberstadt

Das reich mit Edelsteinen besetzte Nikolausreliquiar aus dem Halberstädter Domschatz

tel-Teppich aus der Zeit um 1170 oder Preziosen byzantinischer Herkunft sind zu sehen.

Das **Stadtmuseum** 4 (Domplatz 36, www.museum-halberstadt.de, Di–Fr 9–17, Sa/So 10–17 Uhr) im Spiegelschen Palais begleitet den Besucher durch die Geschichte Halberstadts, von den ersten frühgeschichtlichen Siedlungen über die Blütezeit im Mittelalter bis in die Moderne. Ein Stadtmodell zeigt Halberstadt im Jahr 1780 – schmerzlich macht es deutlich, was im Krieg verloren ging.

Mit 17 000 präparierten Vögeln, fast 6000 Gelegen, dem Skelett des Urvogels Archaeopteryx und vielen anderen Exponaten gehört das nach dem Gutsbesitzer und Ornithologen Ferdinand Heine (1809–1894) benannte **Heineanum** 5 (Domplatz 37, www.heineanum.de, Di–Fr 9–17, Sa–So 10–18 Uhr) nebenan zu den größten vogelkundlichen Museen Deutschlands. Die Hälfte aller Vogelarten der Erde ist in der Sammlung, von der stets nur ein Teil gezeigt werden kann, vertreten.

Das **Gleimhaus** 6 (Domplatz 31, www.gleimhaus.de, Mai–Okt. Di–Fr 9–17, Sa–So 10–16, Nov.–April Di–Fr 9–16, Sa–So 10–16 Uhr) gehört zu den ältesten deutschen Literaturmuseen. Der Domsekretär Johann Wilhelm Ludwig Gleim (1719–1803) war

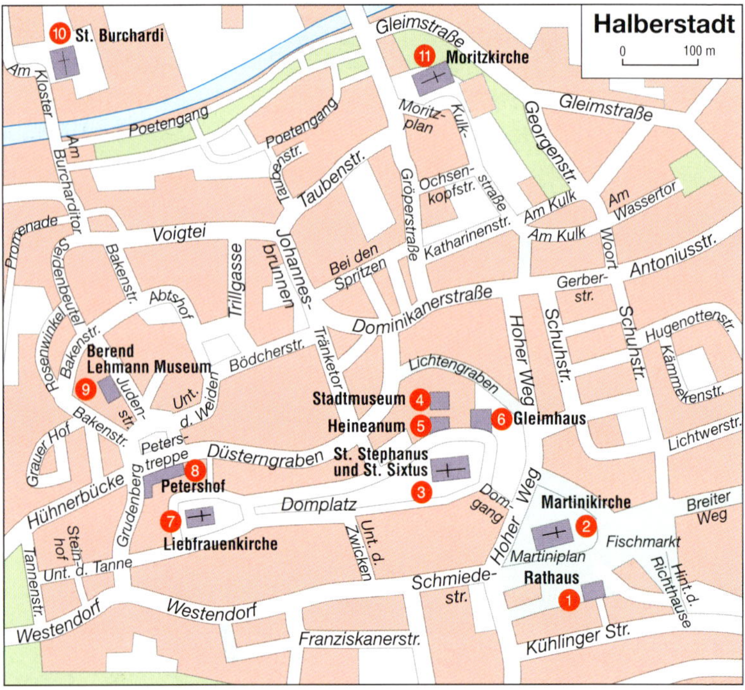

Fast jeder, der Rang und Namen hatte im Geistesleben seiner Zeit ließ sich für den ›Freundschaftstempel‹ des Domsekretärs Johann Wilhelm Gleim porträtieren

mit den meisten literarischen Größen seiner Zeit bekannt, sein Haus wurde zum Zentrum eines regen Freundeskreises, an den die knapp 130 Porträts, darunter Pestalozzi, Tischbein oder Winkelmann im ›Freundschaftstempel‹ erinnern. Im Handschriftenarchiv wird Gleims Korrespondenz mit Goethe, Schiller, Herder, Klopstock, Lessing und anderen Geistesgrößen gezeigt, auch viele der von Gleim gesammelten Texte seiner Freunde sind zu sehen.

Im Westen begrenzt die **Liebfrauenkirche** 7 (Domplatz 46, tgl. 10–17 Uhr) den Domplatz. Sie kann als einzige Basilika an der Straße der Romanik mit vier Türmen prunken. Der heutige Kirchenbau dürfte um das Jahr 1200 fertig gestellt worden sein. Betritt man die Kirche, so zieht zunächst das Kruzifix vom ersten Drittel des 13. Jh., das vor der Vierung an Ketten schwebt, die Blicke auf sich. Von besonderer Schönheit sind die Chorschranken mit den fast lebensgroßen Stuckfiguren der Zwölf Apostel, von Maria und Christus vom Anfang des 13. Jh.

Der **Petershof** 8 gleich nördlich der Kirche war die Residenz des Bischofs. Sein Umbau zur Stadtbibliothek darf als äußerst gelungenes Beispiel der Revitalisierung eines historischen Baus gewertet werden. Nun kann man in der ehemaligen Peterskapelle schmökern und in der Sakristei Kaffee trinken.

Das **Berend Lehmann Museum** 9 (Judensstr. 25, Nov.-April Di–Fr 9–16, Sa/So 10–16, Mai-Okt. 9–17 Uhr) gibt im Mikwehaus, in dem sich das rituelle Tauchbad befand, einen lebendigen Einblick in das Leben der einst größten jüdisch-orthodoxen Gemeinde Preußens. Berend Lehmann (1661–1730) war ein sog. Hofjude, der auch August dem Starken diente. Für die jüdische Gemeinde von Halberstadt wirkte er als bedeutender Mäzen.

In der turmlosen spätromanischen Kirche **St. Burchardi** 10 (Am Kloster 1, Di–So, 12–16 Uhr) beteten von 1208 bis 1810 Nonnen eines Zisterzienserklosters. Seit 2001 kommt hier John Cages Orgelwerk ›Organ²/ASLSP‹ zur Aufführung (s. S. 48), ein äußerst langsames Musikstück, bei dem erst im Jahr 2639 der letzte Ton erklingen wird.

Die **Moritzkirche** 11 (Moritzplan), eine spätromanische Basilika mit Querhaus, und reich verzierter Flachdecke, liegt ebenfalls nördlich des Zentrums von Halberstadt. Ab 1237 nutzten sie die Augustiner-Chorherren für ihre Gottesdienste. Ihr wuchtiger Westbau endet in zwei Türmen mit Pyramidendach. Renovierungen Mitte des 19. Jh. schmückten das Kircheninnere mit zeitgenössischer Schablonenmalerei. Die Jesse-Orgel von 1787 ist bekannt für ihre interessanten Klangfarben und Trompetenklänge und soll nach ihrer Restaurierung, deren Vollendung jedoch noch fern ist, in alter Schönheit erklingen.

i Praktische Hinweise

Information

Fremdenverkehrsverband Halberstadt, Hinter dem Rathause 6, 38820 Halberstadt, Tel. 039 41/55 18 15, Fax 039 41/55 10 89, www.halberstadt.de

Hotels

******Parkhotel Unter den Linden**, Klamrothstr. 2, Halberstadt, Tel. 039 41/625 40, Fax 039 41/625 44 44, www.pudl.de. Zimmer im Altbau von 1911 und im modernen Neubau, Sauna und Dampfbad, zentrale, doch ruhige Lage. Ambitionierte Küche mit mediterranem Einschlag.

*****Hotel Villa Heine**, Kehrstr. 1, Halberstadt, Tel. 039 41/314 00, Fax 039 41/315 00, www.hotel-heine.de. Umgestaltete Fabrikantenvilla der Gründerzeit mit modernem Komfort und historischen Stilelementen, Schwimmbad und diversen Wellnesseinrichtungen.

****Schäferhof Langenstein**, Quedlinburger Str. 28 a, Langenstein, Tel. 039 41/613841, Fax 039 41/61 46 86, www.schaeferhof-langenstein.de. Denkmalgeschützter Vierseithof am Waldrand mit rustikal möblierten Zimmern und Apartments, Hofladen und Kräutergarten.

Restaurants

Jagdschloss, In den Spiegelsbergen 6, Halberstadt, Tel. 039 41/58 39 95. Festlich speisen oder einfach Kaffee und Kuchen genießen, vom Wintergarten Panoramablick über die Stadt (Mo geschl.).

Hörst Du, wie die Zeit vergeht?

Die Kirche St. Burchardi in Halberstadt ist Aufführungsort eines der ungewöhnlichsten **Konzerte** der Welt. Es begann im Jahre 2001 mit einer Pause von eineinhalb Jahren, bevor der erste Ton am 5. Februar 2003 erklang.

Die Partitur schrieb der amerikanische Komponist **John Cage** (1912–1992): Er betitelte es, angeregt von einer Passage aus dem Roman ›Finnegans Wake‹ von James Joyce: ›As Slow(ly) and Soft(ly) as Possible‹, mit dem Kürzel ORGAN^2/ASLSP (so langsam wie möglich). Enden soll das Konzert im Jahre 2639. Der nächste Tonwechsel findet am 5. Mai 2008 statt. Nicht extreme Beschleunigung, die nur allzu häufig den Alltag des 21. Jh. prägt, sondern größtmögliche Verlangsamung ist hier das Ziel.

Das 250 Kompositionen starke Werk von John Cage, einem Schüler des Avantgarde-Komponisten Arnold Schönberg, hat wenig Ähnlichkeit mit traditioneller Musik. Cage selbst sagt über sie, seine Musik »muss nicht unbedingt Musik genannt werden. ... Keine Themen, nur Aktivität von Ton und Stille.«

Die Dauer des Konzerts steht in Zusammenhang mit der Fertigstellung der großen Orgel im Halberstädter Dom 1361. Dieses Datum markiert den ersten Einsatz einer Orgel in der Liturgie und liegt 639 Jahre vor, das geplante Ende des Konzertes 639 Jahre nach dem Jahrtausendwechsel.

Für eine Spende von 1000 € oder mehr kann man für ein Aufführungsjahr eine Gedenktafel anbringen lassen – das letzte, 2639, ist allerdings schon vergeben ...

St. Burchardi, Am Kloster 1, 38820 Halberstadt, Di–So, 12–16 Uhr
www.john-cage.halberstadt.de

Wie weltliche Fürsten residierten die Äbtissinnen von Quedlinburg in ihrem prächtigen Renaissanceschloss hoch über der Stadt

9 Quedlinburg *Plan Seite 53*

TOP TIPP *Fachwerkarchitektur aus acht Jahrhunderten, gekrönt von der wunderbaren Stiftskirche*

Quedlinburgs Altstadt steht als **Weltkulturerbe** unter dem besonderen Schutz der UNESCO. Das einmalige historische Stadtbild, die verwinkelten Altstadtgassen und die alles überragende Stiftskirche auf dem Schlossberg überstanden die Jahrhunderte fast unverändert und werden derzeit mit großem Aufwand saniert.

Geschichte Reste von Fundamenten belegen, dass auf dem heutigen Schlossberg schon um 800 ein rechteckiger Adelsbau stand. Diese Quitlingaburg ließ der sächsische Herzog Heinrich I. (876–936) 919 nach seinem Aufstieg zum König des Ostfrankenreiches zur **Reichspfalz** ausbauen. Bis in die Mitte des 12. Jh. fanden dort häufig Reichstage statt. Heinrichs Ehefrau Mathilde gründete nach seinem Tod 936 ein Stift auf der prominenten Sandsteinkuppe.

Parallel zum Ausbau des Burgberges entwickelte sich im Laufe der Jahrzehnte aus einer Siedlung am Fuße von Burg und Stift eine Stadt, die sich 1426 der Hanse anschloss. Doch Hedwig von Sachsen, die Äbtissin des Stifts, wollte soviel Unabhängigkeit nicht dulden und zwang den bürgerlichen Stadtrat 1477 gemeinsam mit ihrem Bruder, dem Herzog von Sachsen, wieder unter ihre direkte Herrschaft.

1539 führte die Äbtissin Gräfin Anna II. von Stolberg die **Reformation** in Stift und Stadt ein. Von den Verheerungen der Harzregion während des Dreißigjährigen Krieges erholte sich Quedlinburg nur langsam, mit der Säkularisierung 1802 wurde auch das Stift aufgelöst.

Ganz und gar unchristliches ereignete sich nach der Machtergreifung 1933 unter den **Nationalsozialisten** in der Quedlinburger Stiftskirche: Auf ihrer Suche nach historischen ›Vorbildern‹ stießen sie auch auf die Könige und Kaiser des Mittelalters. In seinem maßlosen Größenwahn erklärte sich der Reichsführer SS Heinrich Himmler gar zur Reinkarnation König Heinrich I. 1936, zum 1000. Todestag des Königs, fand in der Stiftskirche eine gespenstische ›Weihefeier‹ der SS statt.

Nach dem Zweiten Weltkrieg wurden nur einzelne Gebäude in Stand gesetzt, seit der Wende investierte man jedoch viel in den Erhalt des historischen Stadtbildes. Doch der Aufwand ist ungeheuer groß und übersteigt die Möglichkeiten der Stadt bei weitem, zumal Quedlinburg wie viele andere Orte Sachsen-Anhalts unter massiver Abwanderung der Bevölkerung zu leiden hat.

Dem Besucher wird – neben der einzigartigen Architektur – dennoch einiges

geboten: Um den Marktplatz reiht sich eine Vielzahl an Cafés und Lokalen, die *Pro-Vinz-Kunsttage*, der *Kaiserfrühling* und der *Musiksommer* sowie der *Advent in den Höfen* mit Ausstellungen in Künstlerateliers, Galerien und Museen sorgen für Abwechslung. Verschiedene Stadtrundgänge informieren über die Zeit der Ottonen, über Fachwerkbau und Gartenarchitektur (Info bei der Tourist Information, Tel. 039 46/90 56 21). Seit Frühsommer 2006 können Urlauber Quedlinburg sogar mit Volldampf erreichen, die Stadt an der Bode hat über die Selketalbahn einen direkten Anschluss an das Streckennetz der Harzer Schmalspurbahnen erhalten.

Besichtigung Das **Rathaus** ❶, ein massiver Sandsteinbau mit imponierender Renaissancefassade von 1619 im Herzen der Altstadt, dominiert die Nordseite des dreieckigen Marktplatzes. In diesen münden acht Straßen aus allen Himmelsrichtungen. An der Rathausmauer wacht ein kleiner steinerner Roland über das Marktgeschehen. Von 1477 bis 1869 war sein Platz verwaist, nachdem der sächsische Herzog dieses Symbol der bürgerlichen Freiheit gestürzt hatte. Eine Freitreppe führt zum prunkvollen Eingangsportal, über dem Abundantia, die Göttin des Wohlstandes, ihr Füllhorn ausschüttet. In der Mitte des Marktplatzes steht das von Wolfgang Dreysse geschaffene Standbild der *Münzenberger Musikanten* (s. S. 54).

Gleich hinter dem Rathaus erhebt sich die Marktkirche **St. Benedikti** ❷ (Marktkirchhof 1), eine gotische Hallenkirche vom Ende des 15. Jh. Der Flügelaltar mit Pietà wurde schon bei der Erbauung eingefügt, der prachtvolle barocke Hochal-

◁ *Nicht nur die Äbtissinnen, auch die Bürger Quedlinburgs wussten repräsentative Bauten zu errichten, wie das Rathaus am belebten Marktplatz beweist*

tar dagegen erst 1700 geweiht. Eine kleine Ausstellung mit dem Titel ›Von der Pfalzstadt zur Rolandsstadt‹ lässt die Geschichte Quedlinburgs Revue passieren.

Gleich um die Ecke lohnt der Bummel durch den **Kunst- und Handwerkerhof Q7** 3 (Marktstr. 7, Mo–Fr 10–18, Sa 10–16 Uhr). Beim Besuch einer Filzmanufaktur, von Glasbläsern, Schmuck- und Textildesignern sowie einer Galerie kann man Handwerkern und Künstlern bei der kreativen Arbeit zuschauen und ihre Produkte erstehen.

Von der Marktstraße zweigt der **Kornmarkt** 4 mit einigen bemerkenswerten Häusern ab. In einem Fachwerkbau von 1690 war bis Mitte des 19. Jh. die *Stadtwaage* (Nr. 7) untergebracht. In der Fassade der *Adler- und Ratsapotheke* (Nr. 8) erinnern die Jahreszahl 1477 und eine Kugel an die Auseinandersetzungen zwischen Äbtissin Hedwig und den Bürgern Quedlinburgs. Im *Palais Salfeld* von 1737 hat heute die Vereinigung der UNESCO-Welterbestätten Deutschlands ihren Sitz, gelegentlich werden hier Kunstausstellungen gezeigt.

Ganz im Norden der Altstadt, nahe den Überresten der Stadtmauer, steht die Pfarrkirche **St. Ägidii** 5 (Ägidiikirchhof, wg. Renovierung geschl.) aus dem 15. Jh. Sie wurde im 17. Jh. im Barockstil umgebaut. Der spätgotische Flügelaltar von 1420 und die aus dem Jahr 1460 stammenden Buntglasfenster im hohen Chor sind ihre größten Schätze.

Von der **Stadtbefestigung** 6 aus dem frühen 14. Jh. fallen neben Resten der alten Stadtmauer vor allem die imposanten *Wehrtürme* ins Auge. Sieben von ehemals zwölf haben die Zeitläufte überstanden. Sehenswert im Westen sind vor allem der 40 m hohe Schreckensturm südlich von St. Ägidien, in dem heute eine Ferienwohnung (buchbar vier Wochen im Voraus, über Tourist Information, s. u.) eingerichtet ist, es folgen der Sternkiekerturm an der Wallstraße, der sogar bestiegen werden kann, der Pulver- und der Kruschitzkyturm. Im Osten der Stadt sind ebenfalls Teile der alten Stadtmauer und mit dem Turm op'n Tittenplan, dem Schweine- und dem Gänsehirtenturm sowie dem Kaiserturm weitere Zeugen der einstigen Wehrhaftigkeit erhalten.

Wendet man sich von der Stadtmauer wieder Richtung Markt, so erreicht man die Kirche **St. Blasii** 7, deren Westquerturm noch aus der Zeit um das Jahr 1000 stammt. Sein spätromanisches Glockengeschoss wurde im 13. Jh eingefügt. Chor, Kirchenschiff und die Innenausstattung, darunter ein prunkvoller Kanzelalter im Barockstil ergänzte man bei einer Umgestaltung im 18. Jh.

Das **Glasmuseum** 8 (Word 28, Mai–Okt. Di–Fr 11–18, Sa/So 11–16 Uhr) zeigt im zweigeschossigen Fachwerkbau des Wordspeichers, was für wunderbare Gefäße und Skulpturen sich aus Glas schaffen lassen.

In einer Stadt, die so vom Fachwerkbau geprägt ist wie Quedlinburg, darf natürlich auch ein **Fachwerkmuseum** 9 (April–Okt. Fr–Mi 10–17, Nov.–März bis 16 Uhr)

Trotz ihrer Profanierung ist die barocke Saalkirche St. Blasii ein Ort der Andacht geblieben

nicht fehlen. Den idealen Rahmen für diese Ausstellung bildet der *Hochständerbau*, das um 1400 entstandene älteste Fachwerkgebäude Quedlinburgs. Von der Entwicklung des Altstadtgebietes vom 10. Jh. bis zum Niedergang des Fachwerkbaus im 19. Jh. reicht der zeitliche Horizont der informativen Präsentation. Die unterschiedlichen Fachwerktypen werden ebenso erläutert wie die nicht enden

1910 schuf Lyonel Feininger dieses ›Selbstbildnis mit Tonpfeife‹

wollenden Sanierungs- und Restaurierungsprojekte in der Stadt.

Besonders Liebhaber nostalgischer Spielwaren werden sich im **Mitteldeutschen Modelleisenbahn- und Spielzeugmuseum** 10 (Blasiistr. 22, www.eisenbahn-spielzeug-museum.de, April–Okt. und Dez. Mo–Sa 10–17, So 11–16, sonst Mo–Sa 10–16, So ab 11 Uhr) wohlfühlen. Der Schwerpunkt der Sammlung historischer Modelleisenbahnen von I bis H0 Spurbreite liegt auf der Zeit zwischen 1890 und 1920. In Vitrinen sind Schlafwägen, Lokomotiven und Miniaturbahnhöfe zu sehen, auf Knopfdruck setzen sich drei Modellbahnen in Bewegung. Auch hübsche Puppen werden gezeigt.

Schlendert man nun in Richtung Schlossberg, erreicht man den **Finkenherd** 11 mit einigen sehenswerten Fachwerkhäusern. Hier sollen, lange bevor das erste Haus gebaut wurde, Boten dem Sachsenherzog Heinrich im Jahr 919 die Nachricht von seiner Königswahl überbracht haben, während er gerade seinem Hobby, dem Vogelfang, nachging. Eine kleine Tafel erinnert an die legendäre Begebenheit, die jedoch auch andere Harzorte für sich reklamieren.

In dieser Straße befinden sich auch zwei sehenswerte Museen: Die **Lyonel-Feininger-Galerie** 12 (Finkenherd 5 a, April–Okt. Di–So 10–18, Nov.–März bis 17 Uhr) beherbergt eine umfangreiche

Sammlung von Grafiken, Malerei und Zeichnungen des deutsch-amerikanischen Bauhauskünstlers Lyonel Feininger (1871–1956) aus der Zeit zwischen 1906 und 1937, dem Jahr, in dem er Deutschland angesichts der Nazi-Herrschaft verlassen musste.

Im benachbarten **Klopstockhaus** 13 (Schlossberg 12, Di–So 10–17 Uhr) kam der Schriftsteller Friedrich Gottlieb Klopstock (1724–1803), ein Wegbereiter des Sturm und Drang und Verfechter des deutschen Nationalstaatsgedankens, zur Welt. Das Fachwerkhaus selbst stammt aus der Zeit um 1560. Eine Ausstellung informiert über Leben und Werk des Dichters, der für das Epos *Messias* und sein lyrisches Schaffen mit zahlreichen Oden, Hymnen und Elegien bekannt ist.

Nun geht es hinauf zum Schlossberg mit dem Schloss des Damenstifts und der Stiftskirche. Das **Schloss** 14 (tgl. 10–17, Mi 10–20 Uhr), ein dreiflügeliger Renaissancebau aus dem 16.–17. Jh., ruht auf den Fundamenten der früheren Quitlingaburg des Königs Heinrich I. aus dem 10. Jh. In den Kellerräumen lassen sich noch einige Originalgewölbe ausmachen. Die Repräsentationsräume bieten einen Einblick in die adlige Wohnkultur des 17.–18. Jh.. Zudem illustrieren Fundstücke, Dokumente und Schaubilder die Besiedlung der Region von der Ur- und Frühgeschichte bis ins Mittelalter sowie die Geschichte des Schlossberges. Bemerkenswert ist der sog. ›Raubgrafenkasten‹, ein enges Holzgefängnis, in dem die Quedlinburger ihren Widersacher Albrecht von Regenstein im Jahr 1337 gefangen gehalten haben sollen.

TOP TIPP Das Turmpaar der Stiftskirche **St. Servatius** 15 (Di–Sa 10–18, So ab 12 Uhr) ist schon von weitem zu sehen. Das 1129 geweihte Gotteshaus ist eines der bedeutendsten Zeugnisse romanischer Baukunst in Deutschland. Mit dem lange verschollenen *Domschatz* und den *Grabmalen* des Königs des Ostfrankenreichs Heinrich I. und seiner Frau Mathilde – deren sterbliche Überreste al-

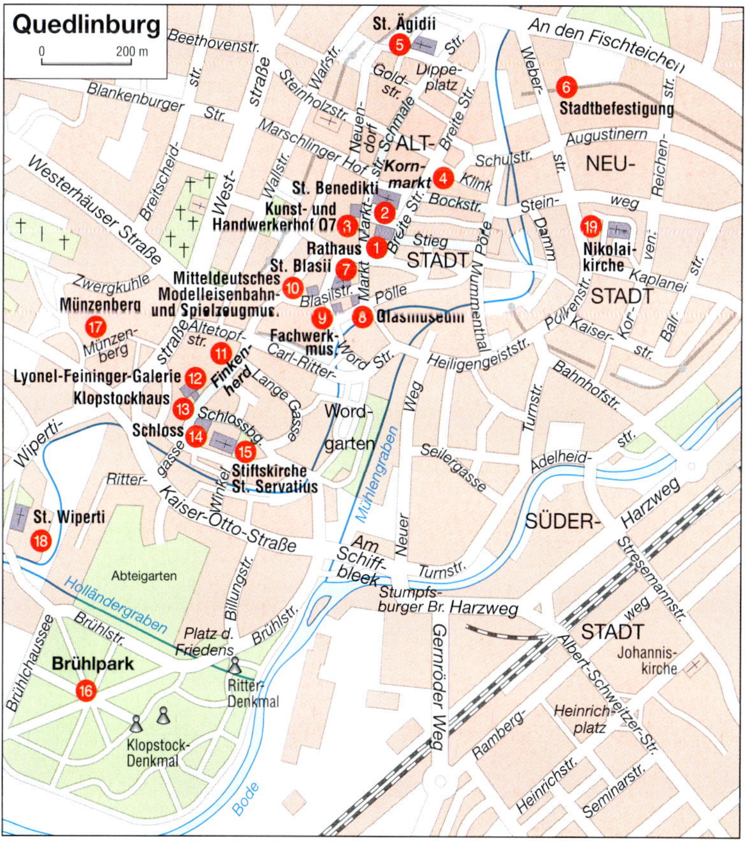

In der Stiftskirche von Quedlinburg feierten die ottonischen Kaiser oft das Osterfest

Gott zum Lob, den Kaisern zur Ehr': Die Architektur der Romanik

Otto der Große machte den Anfang. Er zog im Jahr 962 nach Italien, um sich dort vom Papst zum **Römischen Kaiser** krönen zu lassen. Fast alle Nachfolger taten es ihm gleich und stellten sich so in die Tradition des Römischen Reiches.

Daher ist es keine Überraschung, dass auch die **Architektur** mit dem Stil der Romanik dazu dienen sollte, etwas von der Größe Roms nach Deutschland zu bringen. Gerade im Kirchen- und Klosterbau, der damals den eigenen Ruhm für die Nachwelt sichern sollte, wird dieser Rückbezug auf die Antike deutlich. Vorbild für die großen Kirchenbauten des frühen Mittelalters war die römischen **Basilika**, die in der Antike als Markthalle diente und später von den Christen als Versammlungsort übernommen wurde. Die Basiliken des Mittelalters wie die Stiftskirche von Quedlinburg (Ende 11. Jh.) sind dreischiffige Gotteshäuser mit erhöhtem Mittelschiff und Fenstern im Obergaden. Die Wände des Obergadens ruhen auf Säulen oder Pfeilern mit meist reich geschmückten Kapitellen. Auch der Schmuck der romanischen Kirchen nimmt Bezug auf die Antike. In Quedlinburg taucht sogar der Adler als Wappentier auf, als deutlicher Hinweis auf die Nachfolgerschaft der deutschen Kaiser aus dem römischen Imperium.

Bis heute gehören die romanischen Kirchenbauten in ihrer monumentalen Strenge und ihrem feierlichen Ernst zu den erhabensten Kulturdenkmälern Europas. Etliche architektonische Meisterwerke jener Zeit erschließt die Straße der Romanik, deren Südroute auch durch den Harz und das übrige Sachsen-Anhalt führt.

lerdings 1070 verbrannten – gehört sie zu den größten Anziehungspunkten von Quedlinburg.

Das *Langhaus* wird durch Pfeiler und Säulen mit reich dekorierten Kapitellen von den Seitenschiffen getrennt. Auf der Westempore nahmen König oder Äbtissin am Gottesdienst teil. Breite Steintreppen führen zum Hochchor und den nur wenig vorspringenden Querhausarmen.

In deren *Schatzkammern* ist seit 1993 wieder der seit Ende des Krieges verschollene *Domschatz* zu sehen, den ein amerikanischer Leutnant als Kriegsbeute über den Atlantik geschafft hatte. Zu den besonderen Kostbarkeiten gehören drei mit Elfenbein, Gold und Edelsteinen geschmückte Evangeliare aus dem 10.–13. Jh., ein byzantinischer Flakon aus dem 10. Jh., eine syrische Amphora aus Alabaster, die wohl aus dem 6. Jh. stammt, sowie die Reste eines Knüpfteppichs aus dem späten 12. Jh.

Unter dem Hochchor befinden sich die Krypta mit den Gräbern des Königspaares und die *Confessio*, ein um 997 erbauter Gebetsraum. Grabsteine an der Südwand erinnern an die ersten Äbtissinnen des Klosters.

Der **Brühlpark** 16 (Haupteingang Platz des Friedens) im Süden des Schlossberges wurde ab 1685 unter der Äbtissin Anna Dorothea von Sachsen-Weimar als barocker Landschaftsgarten gestaltet. Berühmt ist die *Bärlauchblüte* im Mai, wenn sich ein ausgedehnter Blütenteppich zwischen den Bäumen erstreckt.

Auf der vom Brühlpark gesehen anderen Seite des Schlossberges führt eine kopfsteingepflasterte Treppe zum **Münzenberg** 17 hinauf, der mit seinen engen Gassen und kleinen, dicht aneinander gebauten Häusern besticht. Bis zu seiner Zerstörung im Bauernkrieg 1525 befand sich hier ein Marienkloster, in dessen Ruinen später Spielleute, fahrendes Volk und Tagelöhner hausten. An dieses bunte Volk erinnert das Denkmal der *Münzenberger Musikanten* auf dem Quedlinburger Marktplatz. Hier oben lässt das kleine *Münzenberg Museum* (unregelmäßig geöffnet, bei Tourist Info nachfragen) die Geschichte des Klosters Revue passieren. Nebenan befindet sich ein kleines Café. Doch schon der Blick hinüber auf den Schlossberg lohnt den Aufstieg.

Die Kirche **St. Wiperti** 18 (Mai–Okt. 10–17, So ab 12 Uhr, sonst unterschiedlich) liegt etwas weiter im Süden zwischen Wipertistraße und dem Mühlgraben. Die kreuzförmige Basilika entstand im 11. und 12. Jh. als Teil eines Kanonikerstiftes. Die romanische Krypta unter dem Chor wird auf das Jahr 1000 geschätzt. Ein romanisches Portal in der Südwand stammt von der Klosterkirche St. Maria auf dem Münzenberg. Es zeigt im Tympanon die Anbetung von Maria und Kind.

Die Ackerbürger der östlichen Neustadt erhielten Mitte des 12. Jh. mit **St. Nikolai** 19 eine eigene Kirche. Die ursprünglich romanische Basilika ergänzten um 1300 gotische Anbauten. Im 15. Jh. erhielt sie ihr heutiges Aussehen einer gotischen Hallenkirche und die 72 m hohen Türme. Die Inneneinrichtung ist bis auf den Taufstein aus dem 13. Jh. vorwiegend barock, so der Hochaltar von 1712, Chor- und Orgelempore 1717 und die hölzerne Kanzel von 1731.

i Praktische Hinweise

Information

Quedlinburg Tourismus, Markt 2, 06484 Quedlinburg, Tel. 039 46/90 56 24, Fax 039 46/90 56 29, www.quedlinburg.de.

Hotels

******Hotel am Brühl**, Billungstr. 11, Quedlinburg, Tel. 039 46/961 80, Fax 039 46/961 82 46, www.hotelambruehl.de. Moderner Komfort in historischer Umgebung, exzellentes Restaurant Weinstube.

*****Parkhotel Otto III**, Westerhäuser Str. 43, Quedlinburg, Tel. 039 46/772 20, Fax 039 46/77 22 22, www.parkhotel-quedlinburg.de. Großzügige Hotelanlage mit diversen Sport- und Wellness-einrichtungen.

****Hotel Dorothea Christiane Erxleben**, Steinweg 51, Quedlinburg, Tel. 039 46/907 90, Fax 039 46/90 79 10, www.hotel-erxleben.de. Nostalgische, stilvoll renovierte Herberge mit viel Komfort im Geburtshaus der ersten deutschen promovierten Ärztin.

Restaurants

Café Kaiser, Am Finkenherd 8, Quedlinburg, Tel. 039 46/51 55 52. Traditionscafé mit Waffelspezialitäten, aber auch mit Harzer Knieste und anderen rustikalen Snacks.

Theophano, Markt 13, Quedlinburg, Tel. 039 46/963 00. Regionale Zutaten, virtuos mediterran zubereitet im alten Fachwerkhaus. Dazu romantisch gestaltete Zimmer im angeschlossenen Hotel.

Unterharz und Südharz – die sanfte Seite des Mittelgebirges

An Ausflugszielen besteht in Unter- und Südharz wahrlich kein Mangel. Bei **Thale** zwängt sich die Bode durch eine wildromantisches Schlucht aus steil aufschießenden Felswänden, überragt vom sagenumwobenen **Hexentanzplatz** und der mythischen **Rosstrappe**. Die Selke dagegen mäandert gemächlich durch ihr anmutiges Tal, bewacht von der mächtigen **Burg Falkenstein**.

Gen Südosten weitet sich das Land, markante Erhebungen wie der Auerberg bei Stolberg ermöglichen weite Ausblicke über die sanft-hügelige Umgebung. **Stolberg** selbst, das eingebettet in dichte Mischwälder im Tal der Thyra liegt, gehört zu den schönsten Orten des gesamten Harzes. Kunstliebhaber schließlich begeistern sich für die wunderschönen Fresken in der romanischen Stiftskirche St. Cyriakus von **Gernrode**, und im **Mansfelder Land** wandelt man auf den Spuren des Reformators Martin Luther.

10 Blankenburg

Fachwerkstadt mit historischen Schätzen und besonderen Attraktionen in der Umgebung.

Im Vergleich zu Wernigerode und Quedlinburg scheint Blankenburg noch auf einen Prinzen zu warten, der es wach küsst: So manches Baudenkmal wie das barocke Schloss hoch über der Stadt, dessen Vorgänger erstmals im Jahre 1123 als ›eine Burg auf blankem Stein‹ in einer Urkunde erwähnt wurde, harrt noch auf seine Renovierung.

Doch schon jetzt besteht an bemerkenswerten Sehenswürdigkeiten wahrlich kein Mangel: So erhebt sich im Süden des Marktplatzes das am Beginn des 16. Jh. im Renaissancestil errichtete, eindrucksvolle **Rathaus**. Im Mauerwerk fest eingemauerte Kanonenkugeln erinnern an die Kämpfe während des Dreißigjährigen Krieges ab 1618. Hundert Jahre später erhielten das Portal beim Glockenturm sowie der Dachreiten ihre barocke Gestalt. Auf dem Weg zum Schloss passiert man die **Bartholomäuskirche** (tgl. 10–18 Uhr), deren Ursprünge ins 12. Jh. reichen. Um 1300 erweiterten Zisterziensermön-

Links: *Dichter Wald umgibt das Kloster Michaelstein bei Blankenburg*
Rechts: *Über den Fachwerkgassen Blankenburgs erhebt sich das Große Schloss*

Zauberhaft sind die Barockgärten des Kleinen Schlosses von Blankenburg

che sie zu ihrer Klosterkirche. Eine Sandsteinkanzel von 1580, die Triumphkreuzgruppe aus dem 16. Jh. und der von 1712 stammende Hauptaltar sind die größten Schätze des gotischen Gotteshauses.

In einem Fachwerkhaus von 1684 ist das **Herbergsmuseum** (Bergstr. 15, Mo–Fr 10–17 Uhr) untergebracht. In manchen seiner Räume scheint es, als sei die Zeit stehengeblieben: Logierzimmer und Herbergsküche sehen noch heute so aus wie in der Zeit von 1884 bis 1916, als Handwerksburschen auf ihrer Wanderschaft hier Unterschlupf fanden. Unter den Gästen waren auch Wilhelm Pieck (1878–1960), der Mitbegründer der DDR, und der Autor August Winnig (1878–1956).

Die barocke Schlossanlage, die im Süden über der Stadt thront, verdankt Blankenburg seiner Erhebung zur Residenz der Grafen von Blankenburg im Jahre 1690. Das ehemalige fürstliche Gartenschloss, das **Kleine Schloss** (April–Okt. Di–Sa 10–17, So 14–17 Uhr, Nov.–März Di–Sa 11–17, So 14–17 Uhr) von 1725, dient heute als Museum zur Geschichte von Stadt und Grafschaft Blankenburg.

Nach dem Museumsbesuch lohnt ein Spaziergang durch die **Barockgärten** (Führungen Mai–Okt. So 14.30 Uhr) des Schlosses. Sie erstrecken sich terrassenartig über vier Ebenen mit 34 m langer Sandsteintreppe, Kaiserbüsten, Teehäuschen und Springbrunnen. Schön ist auch die Fachwerkfassade am mittelalterlichen Prinzessinnenturm.

Das oberhalb gelegene barocke **Große Schloss** entstand ab 1705 aus einem Vorgängerbau im Renaissancestil. Wegen anstehender Restaurierungsarbeiten kann es derzeit nur von außen besichtigt werden. Ahnensaal und Theatersaal, Schlosskirche und eine Bibliothek gehörten einst zu den Prunkstücken der Anlage. Die Reste eines Bergfriedes der früheren Burganlage lassen sich noch im Nebenhof der Schlossanlage ausmachen.

Ausflüge

Das 1196 begründete Kloster **Michaelstein** (April–Okt. Di–So 10–18, Nov.–März Di–Sa 14–17, So ab 10 Uhr) liegt gleich im Westen von Blankenburg. In dem ehemaligen Zisterzienserkloster ist heute ein Institut der Landesmusikakademie untergebracht. Es nutzt den ehem. Speisesaal des Klosters für Konzerte und andere Veranstaltungen. In anderen Räumen wird eine Instrumentensammlung gezeigt. Der östliche und südliche Teil der vierflügeligen Anlage sind noch im romanischen Stil erhalten. Im Klostergarten wachsen rund 260 verschiedene Heil- und Würzkräuter, die jeden Besuch zu einem besonderen Dufterlebnis machen.

Auf einem knapp 300 m hohen Sandsteinfelsen nördlich von Blankenburg erhebt sich der Stumpf des romanischen Bergfrieds der **Burg Regenstein** (April–Okt. tgl. 10–18, Nov.–März Mi–So 10–16 Uhr), deren Ursprünge bis ins 12. Jh. zu-

Pferd und Reiter wird einiges abverlangt bei den Ritterspielen auf Burg Regenstein

rückreichen. Sie wurde ab 1670 von den Brandenburgern zur Festung ausgebaut und rund 100 Jahre später geschleift. Die eindrucksvollen Ruinen mit gut erhaltenen Wallanlagen und einigen Höhlenräumen im Sandsteinfelsen sind am vorletzten Juliwochenende Schauplatz farbenprächtiger *Ritterspiele*.

i Praktische Hinweise

Information

Tourist- und Kurinformation, Markt 3, 38889 Blankenburg, Tel. 039 44/28 98, Fax 039 44/631 02, www.blankenburg.de

Hotels

***Hotel Viktoria Luise**, Hasselfelder Str. 8, Blankenburg, Tel. 039 44/911 70, Fax 039 44/911717, www.viktoria-luise.de. Restauriertes Gründerzeithaus in herrlicher Hanglage mit Sonnenterrasse über der Stadt. Nette Zimmer, zeitgemäße Küche, gutes Weinangebot.

An den Mauern des Refektoriums von Kloster Michaelstein wächst sogar Wein heran

Zum Klosterfischer, Michaelstein 14, Blankenburg, Tel. 039 55/35 11 14, Fax 039 55/35 43 45, www.zum-klosterfischer.de. Gemütliche Zimmer und Ferienwohnungen, beste Fischgerichte aus eigenen Fischteichen.

Restaurants

Berggasthof Ziegenkopf, Ziegenkopf 1, Tel. 039 44/35 32 60. Gasthof mit Sonnenterrasse auf einer bewaldeten Hügelkuppe mit Aussichtsturm. 20 Hefekloßvariationen und andere Harzer Spezialitäten sind im Angebot. Es gibt auch neun Gästezimmer.

Cellarius, im Kloster Michaelstein, Tel. 039 44/36 64 46. Schmackhaft sind besonders die Fischgerichte – Barsch, Forelle oder Hecht kommen köstlich zubereitet auf den Tisch.

11 Rübeland

Spektakuläre Tropfsteinhöhlen und ein azurblauer See

Der überschaubare Fremdenverkehrsort Rübeland mit seinen rund 1600 Einwohnern liegt im tief eingeschnittenen Bodetal. Grotten und Höhlen, die das Wasser in vielen Tausend Jahren aus dem hier vorherrschenden Kalkstein ausgewaschen hat, sind die besonderen Attraktionen der Umgebung.

1536 entdeckte der Bergknappe Friedrich Baumann auf der Suche nach erzhaltigem Gestein die **Baumannshöhle** (an der B 27, Führungen Nov.–Jan. 9–15.30 Uhr, Febr.–Juni und Sept.–Okt. 9–16.30, Juli–Aug. 9–17.30 Uhr) bei Rübeland. Besonders eine treffend als *Säulenhalle* bezeichnete Höhle begeis-

TOP TIPP

Des Teufels Jähzorn

Vor langer Zeit überredete der Teufel seinen alten Widersacher, den lieben Gott, zu einem **Pakt**: Er, der Teufel, dürfe jenen Teil der Erde behalten, den er in einer Nacht mit einer Mauer einfassen könne. Natürlich legte er sich mächtig ins Zeug und umgab ein gewaltiges Stück Land mit einem Wall. Bis zum Sonnenaufgang war noch reichlich Zeit, und so rieb sich der Teufel siegesgewiss die Hände, bevor er die letzten Steine einsetzte. Da ließ Gott eine Bäuerin, die gerade einen Hahn zum Markt brachte, stolpern, sodass das Tier krähte und dem Teufel den vermeintlichen Tagesanbruch verkündete. Wütend über den scheinbar verlorenen Handel packte der Teufel den letzten, mächtigen Fels und schleuderte ihn gegen sein Werk. So viel Kraft legte er in seinen Wurf, dass die ganze Mauer einstürzte.

Ob der Trick Gottes ganz seinen eigenen Regeln entsprach, muss einmal dahingestellt bleiben – doch erfolgreich war er allemal. Und so erheben sich die Reste der **Teufelsmauer** noch heute zwischen Blankenburg und Gernrode und können erwandert werden. Von Blankenburg aus bietet sich ein Ausflug zum Großvaterfelsen an der B 81 in Richtung Nordhausen an. Manche Wissenschaftler behaupten übrigens, die Teufelsmauer sei nichts anderes als ein durch tektonische Verschiebungen nach oben gedrückter Sandsteinrücken, in dem Abdrücke noch von dem urzeitlichen Meer künden, das den Harz vor 90 Mio. Jahren bedeckte.

Hundert Jahre brauchen die Stalaktiten der Baumannshöhle, um zehn Millimeter zu wachsen

tert mit ihrer Vielzahl aus dem Boden emporwachsender Stalagmiten. Im von bizarren Tropfsteinformationen dekorierten, 40 x 60 m großen *Goethesaal* finden regelmäßig Theater- oder Konzertvorstellungen statt. In der Eingangshalle sind Werkzeuge und andere Spuren urzeitlicher Jäger zu sehen, die schon vor 80 000 Jahren vorübergehend in der Höhle Schutz suchten.

Erst 1866 wurde die nicht weit entfernte **Hermannshöhle** (an der B 27, Führungen Nov.–Jan. tgl. 9–15.30, Febr.–Juni und Sept.–Okt. 9.30–17 Uhr, Juli–Aug. 9.30–17.30 Uhr) gefunden. In einem kleinen See in dieser Tropfsteinhöhle leben 13 *Grottenolme*, aalähnliche, etwa 25 cm kleine Geschöpfe, die sich perfekt an das Leben in absoluter Dunkelheit angepasst haben. Eigentlich findet man sie nur in den Karsthöhlen der istrischen Halbinsel. Sie wurden 1932 und 1956 in der Höhle ausgesetzt. Das wieder aufgebaute Skelett eines *Höhlenbären* am Ende des Rundgangs gibt einen Eindruck von der Größe dieses längst ausgestorbenen Raubtiers.

So mancher traut seinen Augen nicht, wenn er einen Kilometer weiter im Norden an der B 27 den tiefblauen **See** in einem Bruch des ehemaligen Kalksteintagebaus bei Garkenholz erblickt. Seine leuchtende Farbe verdankt er der hohen Kalkkonzentration im Wasser. Hineinfallende Blätter und andere Objekte werden rasch mit einer Kalkschicht umhüllt und sinken zum Grund. Das deshalb sehr klare Wasser absorbiert die grünen bis roten Spektralbereiche des Lichts, sodass der bis zu 14 m tiefe See azurblau erscheint. Um die Wasserqualität nicht zu beeinträchtigen, sollte man nicht in ihm baden.

Im heutigen Besucherbergwerk **Drei Kronen und Ehrt** (an der B 27 zwischen Rübeland und Elbingerode, www.dreikronenundehrt.de, Führungen Mai–Okt. 9–17, sonst 10–16.30 Uhr) wurde bis 1990 vor allem Schwefelkies abgebaut. Eine Grubenbahn fährt gut 400 m in einen Tagesstollen ein. Die Besucher passieren einen Förderschacht, aus dem früher Erz emporgeholt und mit Erzsammelrollen weiter transportiert wurde. Diverse Bergbaumaschinen, darunter Wurfschaufellader, Bohrwagen und Handbohrhämmer, demonstrieren lautstark ihre Funktion.

Die Bergleute förderten aus dem **Schaubergwerk Büchenberg** (www.schaubergwerk-buechenberg.de, Führungen tgl. 10, 12, 14, 16 Uhr, auch für Rollstuhlfahrer) nördlich von Elbingerode rund tausend Jahre lang bis 1970 Roteisenerz. Entlang des Rundwegs unter Tage sind verschiedene Bohrtechniken und -geräte zu sehen, etwa die Seilbahn oder besondere Bergbauwerkzeuge wie Erzrolle und Schrapper. Immer wieder zeigen Aufschlüsse, wie die verschiedenen Erzschichten im Gestein lagern.

Eine Attraktion nicht nur für Technikfans ist die **Rappbodetalsperre**. Sie ist mit ihren 106 m die höchste Staumauer Deutschlands und gehört zum *Bodewerk*, eines ausgedehnten Systems von Dämmen und Stauseen zur Energieerzeugung und dem Schutz vor Hochwasser. Von der Aussichtsplattform nahe des Parkplatzes bietet sich der beste Blick

In Pullmancity II ist der amerikanische Bürgerkrieg noch immer nicht zu Ende

über den Speichersee. Besichtigen kann man die *Talsperre Wendefurth* (Führungen April–Okt. Mi 14, Sa/So 10.30 Uhr am Infozentrum an der B 81 bei Altenbrak).

i Praktische Hinweise

Information

Tourist-Information Elbingerode, Markt 3, 38875 Elbingerode, Tel. 03 94 54/894 87, Fax 03 94 54/452 83 – **Tourist-Information Rübeland**, Blankenburger Str. 35 a, 38889 Rübeland, Tel. 03 94 54/48 91 44, Fax 03 94 54/894 88, www.harzer-hoehlen.de

Camping

Camping am Brocken, Schützenring 6, Elbingerode, Tel. 03 94 54/425 89, Fax 03 94 54/425 89, www.camping ambrocken.de. Mit Sträuchern und Bäumen unterteiltes Gelände, gleich beim Badesee.

Hotel

Hotel Bodetal, Blankenburger Str. 39, Rübeland, Tel. 03 94 54/401 70, Fax 03 94 54/401 71. Hell und freundlich renovierte Zimmer in Harzer Traditionsherberge nicht weit von der Baumannshöhle.

Restaurant

Tannengrund, Blankenburger Str. 31, Rübeland, Tel. 03 94 54/491 48. Herzhafte Küche und selbstgebackener Kuchen, zwischen den beiden Tropfsteinhöhlen gelegen (im Sommer tgl. 11–18 Uhr, sonst kürzer u. Mo–Di Ruhetag).

12 Stiege

Einstieg ins Selketal, altes Harzhandwerk und Wilder Westen.

Der kleine Kurort Stiege (1300 Einw.) am westlichen Eingang zum Selketal liegt beschaulich am Gondelteich. Wer mit der Harzquerbahn anreist, kann schon im Zug die Wanderstiefel schnüren, denn am Bahnhof beginnt der 67 km lange, reizvolle **Selketal-Stieg** (s. S. 72) nach Quedlinburg. Von einem Hügel schaut die holzverschalte **Dorfkirche** von 1711 herüber, deren frei stehender Glockenturm rund 100 Jahre später entstand. Über dem Ort erhebt sich das einstige **Jagdschloss** (wg. Renovierung geschl.) der Grafen von Rheinstein-Blankenburg.

Einen Hauch von Skandinavien bringt die *Kapelle* (derzeit geschl., beim Tourismusamt anfragen, Tel. 03 94 59/712 29) im Stil norwegischer Stabkirchen auf einem Sanatoriumsgelände im Ortsteil Albrechtshaus nach Stiege. Sie wurde 1905 erbaut und spiegelt die Begeisterung für alles Nordische in jener Zeit.

Recht ungewöhnlich ist die Sammlung des **Mausefallenmuseum** in Güntersberge (ca. 5 km außerhalb von Stiege, an der B 242 in Richtung Harzgerode, Sa/So 14–18 Uhr). Eine erstaunliche Vielfalt an Tierfallen, Selbstschussapparaten und ausgestopfte Tiere gilt es hier zu bestaunen.

Ausflüge

Rauch und der Pulverdampf von Revolvern liegen mittags über der *Main Street* von **Pullmancity II.** (Hasselfelde, Am Rosentale 1, April-Nov. tgl. 10–1 Uhr, www.pullmancity-2.com). Die Westernstadt mit Indianern, Kavallerie, Saloon und Goldschürfern bringt Wild-West-Atmosphäre in den Harz.

Wie in Pullmancity steigt auch über der **Harzköhlerei Stemberghaus** (an der B 81, www.harzkoehlerei.de, April-Okt. tgl. 10–18 Uhr) nördlich von Hasselfelde Rauch auf. Hier sind es allerdings keine Revolver, sondern die wie in den alten Zeiten der Eisenerzverhüttung kokelnden Meiler zur Gewinnung von Holzkohle. Eine Ausstellung mit alten Gerätschaften und Schautafeln informiert über den harten Berufsalltag der Köhler und die Techniken zur Holzverkohlung. Der Kiosk serviert Snacks und einen deftigen Köhlerimbiss.

i Praktische Hinweise

Information

Touristinformation, Teichstraße. 2 c, 38899 Stiege, Tel. 03 94 59/712 29, Fax 03 94 59/712 29, www.selketalinfo.de

Camping

Domäne Stiege, Domäne 1, Stiege, Tel. 03 94 59/703 33, www.domaene-stiege.de. Naturgelände mit altem Baumbestand beim ehemaligen Gutshof östlich von Hasselfelde. Gute Reitmöglichkeiten.

Unterkunft

*__Naturerlebnisdorf Blauvogel__, Hagenstr. 6, Hasselfelde, Tel. 03 94 59/700 95, Fax 03 94 59/700 54, www.feriendorf-blauvogel.de. Mehrere Dutzend gut ausgestatte Holzhäuser inmitten von Wald und Wiesen. Ein Waldseebad befindet sich in unmittelbarer Nähe.

Ein Leben für die Kohle

Das Erz geht zur Kohle – dieses eherne Gesetz der **Metallerzeugung** galt auch im Harz. Um die enormen Erzmengen, die über die Jahrhunderte aus den Bergwerken der Region gefördert wurden zu verhütten, wurden die Wälder des Harzes rücksichtslos dezimiert und zu **Holzkohle** verarbeitet. Denn ihr Einsatz war Jahrhunderte lang unverzichtbar für die Metallgewinnung. Da Holzkohle aus fast reinem Kohlenstoff besteht, ließ sich mit ihr besonders heißes Feuer entfachen. In Verbindung mit gezielter Sauerstoffzufuhr über ein Gebläse konnte so schon in vergleichsweise einfachen Öfen die Schmelztemperatur von Metall erreicht werden.

Die Produktion der Kohle war jedoch ein mühsamer Prozess: Zur Verkohlung von Holz schichtete der Köhler Holzscheite zu einem mehrere Meter hohen, kegelförmigen Hügel, dem Meiler. Ein Feuerschacht sorgte für geregelte Sauerstoffzufuhr, der Meiler wurde luftdicht mit Erde und Moos abgedeckt. Der Schwelbrand zur Herstellung der Holzkohle dauerte rund eine Woche, bei großen Meilern entsprechend länger und musste ständig kontrolliert werden. Nach dem mehrtägigen Abkühlen konnte der Köhler vorsichtig die Holzkohle ernten.

Leben und Arbeit der Köhler spielte sich zwischen April und Wintereinbruch überwiegend fern der Harzorte in den einsamen Wäldern ab. Köhlerjungen begannen im Alter von acht bis zehn Jahren mit ihrer rund siebenjährigen Lehrzeit. Im 19. Jh. lösten Steinkohle und Koks schließlich die Holzkohle als Energieträger weitgehend ab, doch heute noch können Förster unzählige Verhüttungsplätze des Mittelalters am durch die Schadstoffbelastung des Bodens verminderten Pflanzenwachstum erkennen.

Das weite Harzvorland bildet die Kulisse des Bergtheaters auf dem Hexentanzplatz über Thale

13 Thale

Götter, Hexen, Riesenpferde und eine Wanderung im wildromantischen Bodetal.

Am Nordrand des Harzes, wo das Tal der Bode endet und der Fluss das Gebirge verlässt, liegt Thale (11 800 Einw.). Schon vor 200 Jahren begann hier der Fremdenverkehr, öffneten erste Beherbergungsbetriebe, wurden Wege und Stege im romantisch-wilden **Bodetal** angelegt, das mit seinen bis zu 250 m hohen Granitwänden als das gewaltigste deutsche Felsental nördlich der Alpen gilt.

Lange bevor Touristen den Ort entdeckten, lebten hier die Mönche des 825 gegründeten Wendhusenklosters. Ob der fünfstöckige **Wendhusenturm** im Zentrum von Thale tatsächlich ein Teil der einstigen Klosterkirche ist, zu einer karolingischen Burg gehörte oder doch erst im 12./13. Jh. entstand, ist unklar. In seinem Inneren entstand das *Zentrum für lebendige Geschichte* (Mi–So 14–17 Uhr, Tel. 039 47/77 85 63), dessen Darsteller in zeitgenössische Gewänder gekleidet durch die Zeiten führen.

Seit 1686 trug die Eisenherstellung zum Lebensunterhalt der Thaler Bürger bei. Das **Hüttenmuseum** (www.huetten museum-thale.de, Mai–Okt. Di–Fr 9–17, Sa–So 10–18 Uhr) in der Walter-Rathenau-Straße vermittelt interessante Einblicke in die 300-jährige Geschichte der Metallverarbeitung von der manuellen Blechherstellung bis zum Hüttenwerk.

Die meisten Besucher kommen aber wegen des **Hexentanzplatzes** nach Thale. Auf diesem Plateau auf einem 451 m hohen Felsen sollen einst Germanen ihre heidnischen Götter angebetet und Hexen ihre Treffen abgehalten haben. Dank einer Kabinenseilbahn (Tel. 039 47/25 00, www.seilbahnen-thale.de, Nov.–Jan. tgl. 10–16, Febr.–April tg. 9–17, Mai/Sept./Okt. tgl. 9–18, Juni–Aug. tgl. 9–19 Uhr) braucht man heute aber keinen Hexenbesen mehr, um hinauf zu kommen.

TOP TIPP Wie all die Zauberer und Hexen, Teufel und Dämonen in der **Walpurgisnacht**, der Nacht zum ersten Mai, auf de Hexentanzplatz kommen, ist nicht bekannt – aber sie feiern hier oben alljährlich ein rauschendes Fest!

Ganzjährig begegnen Götter und Hexen den Besuchern des **Museums Walpurgishalle** neben der Bergstation. Harzer Sagenwelt und Hexensabbat oder Goethes Walpurgisdichtung werden hier präsentiert. Nicht zu verfehlen ist der **Tierpark Hexentanzplatz** (Tel. 039 47/ 28 80, wechselnde Öffnungszeiten tgl. ab 9/10–17/19 Uhr), in dem abends die Wölfe heulen und die Auerhähne balzen. Insgesamt sind hier 70 heimische Tierarten versammelt.

Das **Harzer Bergtheater Thale** (Tel. 039 47/23 24, www.harzer-bergtheater.de)

am Rande des Hexentanzplatzes über der Stadt ist wie ein antikes Amphitheater in den Felsen gefügt. Weit schweift der Blick während der Vorstellungen von Mai bis September von der Bühne ins Harzvorland.

Jugendliche und jung gebliebene Erwachsene lassen es sich nicht nehmen, auf der einen Kilometer langen Allwetter-Bobbahn **Harzbob** (Ostern–Okt. 9.30–18 Uhr, im Winter an manchen Wochenenden) vom Hexentanzplatz ins Steinbachtal zu kurven.

Am dem Hexentanzplatz ggegenüberliegenden Bodeufer erhebt sich die **Rosstrappe**, die man bequem mit einem Sessellift (neben der Kabinenbahn zum Hexentanzplatz, im Sommer ab 9.30 Uhr, im Winter an einigen Wochenenden) erreichen kann. Auch hier lassen Funde auf eine frühere germanische Kultstätte schließen. Der Sage nach soll die Prinzessin Brunhilde auf der Flucht vor dem ungestümen Ritter Bodo den Fluss auf ihrem Riesenpferd mit einem gewaltigen Sprung überquert haben. Ein mächtiger Hufabdruck im Felsen bezeugt den erfolgreichen Satz. Bodo war nicht so glücklich und stürzte in den Fluss, der seither seinen Namen trägt.

Weitere packende Geschichten aus der germanischen Mythologie und Sagenwelt werden in einem **Multimediapavillon** auf der Roßtrappe erzählt, etwa von den Abenteuern Wotans und seinem schnellen, achtbeinigen Pferd Sleipnir.

Hoch geht es her in der Walpurgisnacht

Wanderung

Natürlich ist es weit angemessener, sich die herrliche Aussicht vom Hexentanzplatz und die Schönheiten des TOP TIPP **Bodetals** zu erwandern, als nur mit Seilbahnen die Aussichtsgipfel zu erfahren. Die sicherlich schönste, insgesamt knapp 15 km lange Strecke startet in Altenbrak (Wanderweg ab Großparkplatz, Markierung Grüne Hexe, Rückkehr April bis Okt. mit Hexenbus von Thale möglich, sonst Taxi), dessen Häuser sich mehrere hundert Meter an der Bode entlang ziehen. Auf der Waldbühne dieses Dorfes findet jeden September das *Harzer Jodlerfest* statt.

Eng rücken die dicht bewaldeten Hänge des Bodetals unterhalb der Rosstrappe zusammen

Wanderparadies Harz

Zahlreiche Wanderwege durchziehen den Harz. Sie führen an Fluss- und Bachläufen entlang, durch Nadel- und Laubwälder, erklimmen Berggipfel und verbinden Burgen, Kirchen, Klöster und Fachwerkdörfer. Sie passieren historische Bergwerke, Eisenschmelzen und Hammerschmieden.

Eine der beliebtesten Fernwanderstrecken ist mit einer grünen Hexe markiert: Der ›**Harzer Hexenstieg**‹ führt auf knapp 100 km Länge zwischen Thale und Osterode quer durch das Mittelgebirge von Ost nach West. Rosstrappe, Bodetal, Köhlereimuseum Sternberghaus, Rappbodetalsperre, Rübeländer Tropfsteinhöhle, Brockengipfel und Torfhaus heißen die markanten Etappenziele. Eine andere Wanderstrecke verdankt ihre Existenz der deutsch-deutschen Konfrontation und deren Überwindung 1989. Auf dem ›**Grünen Band**‹, immer entlang des ehemaligen Grenzstreifen zwischen BRD und DDR, lässt sich der Harz von Ilsenburg im Norden nach Walkenried im Süden durchwandern.

Bei den Tourismusämtern erhalten Wanderer übrigens einen Wanderpass, den sie an 158 besonders schönen Stellen abstempeln können. Wer es auf acht unterschiedliche Stempel bringt, hat sich die **Harzer Wandernadel** (www.harzerwandernadel.de) in Bronze verdient, mit 50 Einträgen darf man sich *Harzer Wanderkönig* nennen.

Kartenmaterial: Wandern im Harz. Offizielle Karte des Harzklubs e.V., www.wandern-im-harz.de

Beim 3 km entfernten Treseburg wird das Tal enger und die Bode wilder. Dichte Laub- und Nadelwälder, aber auch der nackte Fels reichen bis an das Flussufer, Berge an beiden Seiten steigen wie die Gewitterklippen bis zu 500 m in die Höhe. Das rund 10 km lange Tal zwischen Treseburg und Thale mit seiner großer Pflanzenvielfalt und reichem Vogelbestand ist schon seit 1937 Naturschutzgebiet. Beim Gasthof Königsruhe kann man den Talweg verlassen. Über die Jungfernbrücke führt ein steiler Serpentinenweg zur **La-Vières-Höhe**, einer Aussichtskanzel mit Panoramablick über die Bodetalschlucht. Von dort aus ist

TOP TIPP

Tief im wildromantischen Bodetal liegt Treseburg mit dem kleinen Bodeschlösschen (rechts)

es nicht mehr weit zum bereits erwähnten Tierpark Hexentanzplatz.

i Praktische Hinweise

Information

Thale-Information, Bahnhofstr. 3, 06502 Thale, Tel. 039 47/25 97, Fax 039 47/22 77, www.thale.de

Unterkünfte

****Ferienpark Bodetal**, Hubertusstr. 9, Thale, Tel. 039 47/776 00, Fax 039 47/ 77 66 99, www.ferienpark-bodetal.de. 24 Ferienwohnungen und Zimmer rund um einen Außenpool, Wellness-Angebote und Biergartenrestaurant.

***Gasthaus Königsruhe**, Hirschgrund 1, Thale, Tel. 039 47/27 26, Fax 039 47/917 31, www.koenigsruhe.de. Moderne, aber rustikal eingerichtete Zimmer einer Traditionsherberge. Köstliches Quellwasser steht den Gästen zur freien Verfügung. Im Restaurant mit Biergarten gibt es Forellen aus eigenem Rauch.

Restaurant

Forelle, Ortsstr. 28, Treseburg im Bodetal, Tel. 03 94 56/56 40. Der Name ist Programm: drei Dutzend verschieden zubereitete Bachforellen, nach Art der Müllerin oder blau, stehen auf der Karte des gutbürgerlichen Restaurants. Dazu gibt es drei Dutzend Zimmer im angeschlossenen Hotel.

Eine große Kirche für eine kleine Stadt: In der Basilika St. Cyriakus versammeln sich die Gläubigen von Gernrode seit über einem Jahrtausend zum Gebet

14 Gernrode

Geschichtsträchtige Stadt im hügeligen Harzvorland mit 1000 Jahre alter Stiftskirche

Rodung des Gero, Geronisroth, hieß die Burg des Marktgrafen Gero, die dieser zur Absicherung seiner Besitzungen vor mehr als 1000 Jahren errichten ließ. Um 961 stiftete er hier auch ein Kloster, dem seine verwitwete Schwiegertochter vorstand. Das Damenstift erhielt bald die Reichsunmittelbarkeit und wurde im 12. Jh. erweitert. 1521 setzte die Äbtissin Elisabeth von Weida die Reformation im Stift durch.

TOP TIPP Dessen Kirche, die äußerlich schmucklose Basilika **St. Cyriakus** (April–Okt. Mo–Sa 9–17 Uhr, sonst Führungen tgl. 15 Uhr, Tel. 03 94 85/275) mit ihren zwei spitzen Türmen über dem westlichen Querschiff, dominiert Gernrode. Da sie seit ihrer Fertigstellung im Jahr 1014 nahezu unverändert blieb, gilt sie als einer der bedeutendsten romanischen Sakralbauten aus der ottonischen Epoche in Deutschland. Ihr *Hauptportal* öffnet sich am nördlichen Seitenschiff. Betritt man das Langhaus, so sollte man den Blick zunächst auf die Emporen richten. Sie werden von quadratischen Mittelpfei-

Das Mittelalter war bunt: Mit ihrer Farbigkeit belebt die ausgemalte Ostapsis St. Cyriakus

lern und zwei schlankeren, mit Ornamenten geschmückten Säulen getragenen, die wiederum von zwei äußeren Pfeilervorlagen gerahmt sind.

In der Vierung von Langhaus und östlichem Querschiff steht das im Jahr 1519 gestaltete Grabmal des 965 n. Chr. verstorbenen Markgrafen und Klosterstifters Gero. Nun lohnt die mit *Fresken* aus dem 13. Jh. verzierte Ostapsis nähere Betrachtung. Sie zeigen Christus als Weltenrichter und sind das kostbarste Kunstwerk in der Kirche. Unterhalb der Apsis befindet sich die Ostkrypta, die zu den ältesten Hallenkrypten Nordeuropas gehört.

Eine mit Stuckornamenten und Figuren dekorierte Nachbildung des *Heiligen Grabes* in Jerusalem im südlichen Seitenschiff wird auf das 11. Jh. datiert. An das Seitenschiff schließt ein zweigeschossiger Kreuzgang an, Überrest der früheren Klosteranlage.

Famose Aussichten: Das Riesenwetterhaus der Harzer Uhrenfabrik verspricht viel Sonnenschein

Im Zentrum der Kleinstadt von 4000 Einwohnern findet man zahlreiche Fachwerkhäuser aus dem 17. und 18. Jh. Das schmucke **Rathaus** mit seinem kleinen, von einer Barockhaube gekrönten Uhrturm verdankt seine heutige Gestalt einem Umbau von 1914, Vorgängerbauten standen aber schon seit dem 16. Jh. an dieser Stelle. Die frühere **Elementarschule** (St. Cyriakus Str. 2, Mo–Fr 10–12 und 14–16.30 Uhr) aus dem Jahre 1533 gilt als älteste protestantische Schule Deutschlands.

Den ungewöhnlichsten Blickfang Gernrodes würde man eigentlich im Schwarzwald erwarten: Eine riesige Kuckucksuhr macht Werbung für die **Harzer Uhrenfabrik** (tgl. 9–17 Uhr, Lindenstr. 7), der einzigen Fabrikation von Schwarzwälder Uhren außerhalb Baden-Württembergs. Besucher können die Kuckucksuhren hier nicht nur erwerben, sondern auch bei ihrer Herstellung zusehen.

i Praktische Hinweise

Information

Stadtinformation, Suderöderstraße, 06507 Gernrode, Tel. 03 94 85/354, www.gernrode.de

Hotel

****Historische Bückemühle**, Am Bückeberg 3, Gernrode, Tel. 03 94 85/419, Fax 03 94 85/612 03, www.bueckemuehle.de. Zimmer und Apartment in ruhiger Lage, dazu eigene Fischräucherei.

Restaurant

Sternhaus-Waldgaststätte, Sternhaus 1, Tel. 03 94 85/273. Nur 10 min. von der Haltestelle der Selketalbahn in Sternhaus in Richtung Mägdesprung gelegen, bietet das Lokal Frühstück, mittags einige Kleinigkeiten, außerdem Kaffee und Kuchen (Mo Ruhetag).

Volle Kraft auf schmaler Spur

Seit 1899 stampfen die Dampflokomotiven der Brockenbahn mit mächtigem Getöse dem Gipfel entgegen. Nur 19 km liegen zwischen dem Bahnhof Drei Annen Hohne und dem Brockenbahnhof auf 1125 m Höhe, damit ist die Brockenbahn das kürzeste – und zugleich steilste – Teilstück im Schienennetz der **Harzer Schmalspurbahn (HSB)**. Zu ihr gehört auch die Harzquerbahn von Wernigerode ins 61 km entfernte Nordhausen sowie die Selketalbahn, die auf einer 52 km langen Gleisstrecke von der Eisfelder Talmühle nach Quedlinburg verkehrt. Durch dicht bewaldete Täler und über steile Pässe erschließen ihre nie schneller als 40 km/h fahrenden Züge einige der malerischsten Winkel des Harzes.

Errichtet wurde die HSB Ende des 19. Jh., um Holz und Eisenerze aus den Oberharzer Bergen in die Täler hinabzubringen. Um die Baukosten so niedrig wie möglich zu halten, entschied man sich für die Schmalspurbahn mit ihrer **Spurweite** von nur 1 m, zumal sie im schwierigen Gelände des Gebirges wesentlich einfacher zu erbauen war.

Nach dem Ende der DDR wurde rasch deutlich, dass die nostalgischen Züge in den Plänen der Bundesbahn-Führung keine Rolle mehr spielten. Freundes- und Unterstützerkreise von

Eisenbahnfans helfen heute einer 1991 durch die Anliegergemeinden gegründeten Gesellschaft, den Betrieb der Züge aufrecht zu erhalten. Über 1 Mio. Fahrgäste jährlich danken es ihnen.

Eisenbahnbegeisterte können auch das **Betriebs- und Ausbesserungswerk** (Führungen Fr. 13.30 Uhr) der HSB in Wernigerode besichtigen oder sich in einem 11-Tage-Kurs zum Lokführer ›ehrenhalber‹ ausbilden lassen. Wer nicht so viel Zeit hat, bucht – rechtzeitig – eine Fahrt im Führerstand neben dem Lokführer.

HSB - Harzer Schmalspurbahnen, Friedrichstr. 151, 38855 Werningerode, Tel. 039 43/55 80, www.hsb-wr.de

Eine Allee verbindet die bürgerliche Stadt mit dem fürstlichen Schloss von Ballenstedt

15 Ballenstedt

Stammsitz der Askanier: Ein Barockschloss inmitten eines traumhaften Gartens

Reste der historischen Stadtmauer umgeben das Zentrum des Städtchens Ballenstedt mit seinen 7300 Einwohnern. Am Rathausplatz erhebt sich die aus dem 14. Jh. stammende Pfarrkirche **St. Nikolai**, die nach einem Brand um 1498 in spätgotischem Stil wieder aufgebaut wurde. Im früheren **Rathaus**, einem Fachwerkbau von 1683, wird die alte herzogliche Bibliothek aufbewahrt, zudem ist hier die Stadtbibliothek untergebracht. Die **Stadtapotheke** am Breitscheid-Platz im Westen des Rathausplatzes war früher die Hofapotheke und hat sich ihre hübsche Biedermeiereinrichtung erhalten.

Ballenstedts bedeutendste Sehenswürdigkeit ist aber das auf einem Fels über der Stadt thronende **Schloss Ballenstedt** mit seiner romanischen Klosterkirche. 1043 gründete Graf Esico von Ballenstedt hier neben seiner Burg ein Kollegiatsstift, das knapp 150 Jahre später zu einem Benediktinerkloster erweitert wurde. Nach diversen Um- und Anbauten zeigt es sich seit 1765 als dreiflügeliges barockes Residenzschloss der Fürsten von Anhalt-Bernburg. Berühmtester Vorfahr dieser Familie ist Albrecht der Bär (um 1100–1170), Sohn des Grafen Otto von Ballenstedt und Begründer des Hauses Anhalt (auch Askanien). Im Zuge der Ostkolonisation wurde er 1134 erster Markgraf von Brandenburg und der Lausitzer Ostmark. Seine Grablege befindet sich seit 1170 in der romanischen Krypta der ansonsten barockisierten Schlosskirche von Ballenstedt.

Wer sich für Adelsgeschichte interessiert, sollte im Schloss die Dauerausstellung zur ›Stammesgeschichte der Askanier‹ (Mai–Okt. Di–So 10–17, sonst 10–16 Uhr) besuchen. Im frühklassizistischen **Schlosstheater** (www.theaterverein-ballenstedt.de) von 1788, der ältesten bespielten Sprechbühne Sachsen-Anhalts, wirkten einst Albert Lortzing und Franz Liszt.

Den klassizistischen **Schlosspark** mit einer ›Wasserachse‹ im Stil italienischer Gartenanlagen gestaltete man 1858–63 nach Plänen des preußischen Gartenbaumeisters Peter Josef Lenné (1789–1866).

3 km von Ballenstedt stößt man beim Örtchen Rieder, an der Ausfallstraße nach Gernrode, auf ein nur scheinbar mittelalterliches Märchenschloss. Der Berliner Architekt Bernhard Sehring (1855–1944) hatte sich 1905 hier seinen Traum erfüllt und die neoromanische **Roseburg** (wg. Renovierung geschl.) errichten lassen. Den mit Skulpturen, Brunnen und andere Wasserspielen dekorierten Schlosspark kann man besichtigen.

Praktische Hinweise

Information

Ballenstedt Information, Anhaltiner Platz 11, 06493 Ballenstedt, Tel. 03 94 83/263, Fax 03 94 83/971 10, www.ballenstedt-information.de

Hotels

******Schloss Meisdorf**, Allee 5, Falkenstein, Meisdorf, Tel. 03 47 43/980, Fax 03 47 43/983 33, www.vandervalk.de. Gepflegte Parkanlage mit verschiedenen Häusern und großzügigen Zimmern. Exzellentes Sportangebot, insbesondere für Golfer. Spielplatz für Kinder, Restaurant.

******Schlosshotel Großer Gasthof**, Schlossplatz 1, Ballenstadt, Tel. 03 94 83/510, Fax 51333, www.vandervalk.de. Gediegene Zimmer in einem Neubau in unmittelbarer Nähe des Schlosses. Badebereich mit Saunen, gepflegte Küche im Restaurant *Fürst Victor*.

Greifen und andere Fabelwesen bevölkern den Park der Roseburg

Auf alt getrimmt: Dem Rathaus von Harzgerode sollte man das Baujahr 1901 nicht ansehen

16 Harzgerode

Einst Zentrum des Unterharzer Bergbaus, heute Tor zu einem der reizvollsten Täler des Harzes

Harmonisch fügt sich das vor gut 100 Jahren erbaute, aber altertümlich wirkende **Rathaus** am Marktplatz mit seinem Steinsockel, dem gegliederten Fachwerk auf zwei Geschossen und aufgesetzten Türmchen in die Kulisse der übrigen Fachwerkgebäude um den Marktplatz von Harzgerode (4400 Einw.). Die dreischiffige **Marienkirche** (Di–Do/Sa 10–15, So 10–13 Uhr), ebenfalls am Marktplatz, wurde schon 1698 errichtet. Vom romanischen Vorgängerbau ist allein das Unterteil des Westturms erhalten. Sehenswert im barocken Kircheninneren ist neben der dreistöckigen Empore besonders die sich über die gesamte Ostseite erstreckende Fürstenloge mit Fürstenstuhl und Gemälden des Erbauers Fürst Wilhelm von Anhalt-Bernburg-Harzgerode und seiner Familie.

Das 1552 im Renaissancestil erbaute dreigeschossige **Schloss Harzgerode** (Di–

Der Besuch von Burg Falkenstein ist krönender Höhepunkt einer Wanderung durch das Selketal

Fr 10–12 und 13–16, Sa/So 11–16 Uhr) der Fürstenfamilie liegt um einen quadratischen Innenhof, vom 1386 erstmals erwähnten Vorgängerbau ist nichts mehr erhalten. Die Liebe des Bauherren zu seiner Harzer Heimat zeigt sich im heutigen Fest- und früheren Rittersaal: Dessen Fußboden ziert ein Parkett aus dem Holz von 18 im Harz heimischen Baumarten.

In der kleinen *Heimatstube* im Schlosss erinnern Bilder und alte Werkzeuge an handwerkliche Traditionen und den Bergbau in der Region. Im Wehrgang des Schlosses schließlich lassen sich Kunstgussarbeiten auch aus den Werkstätten des nahe gelegenen Mägdesprung besichtigen.

Im Winter besuchen Ski-Langläufer den Ort, und auch bei Rodlern ist Harzgerode mit der längsten **Rodelbahn** des Harzes (1100 m) ein Begriff. Der Einstieg zur Bahn befindet sich im Ortsteil Alexisbad und ist dort ausgeschildert.

Bei **Straßberg**, etwas weiter im Südwesten von Harzgerode, zeigt das Bergwerksmuseum **Grube Glasebach** (Mai–Okt. Di–Fr 10–16, Sa/So 10–17.30 Uhr) unweit der Haltestelle der Selketalbahn die Techniken des Harzer Flussspatbergbaus. Flussspat, dessen Bestandteile Kalzium und Sulfat die Schmelztemperatur von Eisenerz senken, wurde hier vor allem zwischen 1960–90 abgebaut.

Wanderung

TOP TIPP Zu ausgedehnten Wanderungen lädt das liebliche **Selketal** mit seinen sanft ansteigenden Hängen. Der Fluss schlängelt sich durch einen meist weiten Talgrund, vorbei an malerischen Laubwäldern und grünen Weiden. Nur manchmal, wie kurz hinter dem zu Harzgerode gehörenden Alexisbad, rücken die Talwände eng zusammen.

Den 67 km lange *Selketalstieg* entlang des Flusses von Stiege nach Quedlinburg markieren Hinweisschilder mit der Silhouette der Burg Falkenstein. Da die Selketalbahn viele Orte entlang des Tales anfährt, kann man ganz nach Lust und Ausdauer auch einzelne Etappen erwandern.

Der wohl schönste Abschnitt des Selketalstiegs beginnt alllerdings dort, wo die Bahn das Tal verlässt, nämlich in Mägdesprung. Vom Bahnhof aus sind es bis zur Burg Falkenstein etwa 15 km Wanderstrecke, nach Meisdorf, wohin man sich ein Taxi für die Rückkehr zum Ausgangsort bestellen könnte, weitere 2 km. Von der bei Mägdesprung 1646 errichteten Eisenhütte an der Selke und ihren ebenfalls längst stillgelegten Nachfolgern sind entlang des Wanderweges noch einige kleine Hammerwerke – Erster, Zweiter und Dritter Hammer – als Industriedenkmäler erhalten. Kurz hinter der Selkemühle passieren die Wanderer die Ruine der Burg Anhalt, die dem Grafengeschlecht und auch dem heutigen Bundesland ihren Namen gab.

TOP TIPP Die 1120 gegründete und mehrfach um- und ausgebaute **Burg Falkenstein** (April–Okt. Di–So 10–18, Nov.–März Di–So 10–16.30 Uhr, auch mit dem Auto zu erreichen, 11 km östl. von Harzgerode, Parkplatz Gartenhaus, dann 1,5 km Fußmarsch) bewacht das Selketal von einem 134 m hohen Hügel am rechten Talufer. Der steile *Eselsstieg* hinauf zur Burg lässt viele Besucher ins Schwitzen kommen. In der alten Wehrburg mit ihren 17 m hohen und bis zu 4 m dicken Mauern verfasste *Eike von Repkow* (1180–1233) den ›Sachsenspiegel‹, eine Sammlung bis dahin vor allem mündlich überlieferter sächsischer Gesetze. Dieses Werk gilt als eines der wichtigsten und einflussreichsten deutschen Sprachdokumente seiner Zeit. Die Ausstellung in der Burg informiert über diesen Text und die Baugeschichte von Falkenstein.

Ob Eike von Repgow wohl im Rittersaal der Burg Falkenstein auf die Vollendung seines Sachsenspiegels anstieß?

Praktische Hinweise

Information

Stadtinformation Harzgerode, Marktplatz 2, 06493 Harzgerode, Tel./Fax 03 94 84/324 21, www.harzgerode.de

Camping

Ferienpark Birnbaumteich, Am Birnbaumteich 1, Neudorf, Tel. 03 94 84/62 43, www.ferienpark-birnbaumteich.de. Wiesengelände am Badesee, gute Sanitäranlagen, viele Dauercamper.

Hotels

***__Hotel & Vitalterrassen Habichtstein__**, Kreisstr. 4, Alexisbad, Tel. 03 94 84/78 00, Fax 03 94 84/783 80, www.habichtstein.de. Komplett renoviertes Kurhotel im Landhausstil, mit fünf Waldhäusern und Wellnessanlage, eigener Metzgerei und Mini-Brauerei.

*__Landgasthaus Jägerstube__**, Markt 114, Dankerode, Tel. 03 94 84/21 36, Fax 03 94 84/419 16, www.harzer-jaegerstube.de. Gemütliche Zimmer mit Himmelbetten, eigenes Café mit hausgebackenem Kuchen.

Restaurants

Am Falken, Falkenweg 2, bei Meisdorf im ausgehenden Selketal, Tel. 03 47 43/82 47. Nettes Ausflugslokal mit Tischen im Freien.

Selkemühle, Tel. 03 94 84/23 41, am Wanderweg im Selketal. Einfache Raststätte mit Kaffee, Kuchen und kleinen Gerichten, auch per Auto erreichbar.

Harzidylle, wie sie schöner nicht sein könnte: Stolberg im Tal der Thyra

17 Stolberg

TOP TIPP *Geburtsort von Thomas Müntzer mit prachtvollen Fachwerkbauten und einem Schloss im Dornröschenschlaf.*

Das sachsen-anhaltinische Stolberg (1400 Einw.) ist sicherlich eine der schönsten Städte des Harzes, mit beeindruckenden Zeugnissen mittelalterlicher Baukunst im Zentrum und harmonischer Naturlandschaft in der Umgebung. Die vorbildlich restaurierten Fachwerkhäuser schmiegen sich in eine Senke, dort, wo sich die Bäche Wilde und Lude zur Thyra vereinen.

Industrie hat sich hier nur wenig angesiedelt. Der Bergbau verzeichnete mit Schmelzhütten und Eisengießereien im Mittelalter eine kurze Blütezeit, die Zunft der Leine- und Zeugweber existierte bis ins 18. Jh. Die Grafen von Stolberg ließen in der noch heute erhaltenen Münze Gold-, Silber- und Kupfermünzen prägen.

Das prachtvolle, dreigeschossige **Rathaus** aus dem Jahre 1454 steht am Markt, im Zentrum des Ortes. Seine unterste Etage nutzten einst die städtischen Kaufleuten als Handelsplatz, im Stockwerk darüber befand sich ein Tanzboden und die dritte Etage diente als Schule. Um alle drei Ebenen separat erreichen zu können, wurde eine Außentreppe erbaut, die zur höher gelegenen Martinikirche und weiter zum Schloss führt.

Am Markt steht auch das bronzene **Denkmal** für Thomas Müntzer, den 1489 in Stolberg geborenen radikalen Reformator. Hinter dem Prediger lauert eine vermummte, womöglich die alte Ordnung repräsentierenden Gestalt. Müntzer wollte schon auf Erden das Reich Gottes verwirklichen – auch und gerade mit Gewalt. So wurde er zu einem der Anführer des blutig niedergeschlagenen Bauernaufstands von 1525, der das gesamte deutsche Reich erfasst hatte.

Das **Kleine Bürgerhaus** (Rittergasse 14, Sommer Di–Fr 10–12.30 und 13–16.30, Sa/So 10–12 und 13–17 Uhr) nahe des Marktplatzes aus dem Jahre 1470 ist eines der ältesten Wohngebäude Stolbergs. Es wurde auch im Inneren im Originalzustand restauriert. Das Mobiliar stammt aus dem 16. bis 18. Jh., ebenso die Spinnstube und eine Schuhmacherei.

In der **Ritterherberge** (Rittergasse 17, Sommer Di–So 10–18 Uhr) aus dem Jahre 1485 in der gleichen Straße gibt es nicht nur eine Ausstellung zur Stadtgeschichte, sondern immer noch einige Zimmer zur Übernachtung. Das Rittertor am Ende der Gasse stammt ursprünglich aus dem 13. Jh., wurde nach Bauschäden aber mehrfach, zuletzt 1640, umgebaut. Der runde

Seigerturm aus dem 13. Jh., ebenfalls ein Teil der alten Stadtbefestigung, begrenzt den Marktplatz nach Süden.

In der **Alten Münze** (Niedergasse 19, Sommer Di–Fr 10–12.30 und 13–17 Uhr, Sa/So 10–12 und 13–17 Uhr, im Winter nur Sa/So) von 1535, einem wunderbar restaurierten Renaissance-Fachwerkbau, ist eine komplette historische Münzwerkstatt erhalten, die zu besonderen Anlässen Gedenkmünzen prägt. Eine Ausstellung erläutert das Leben von Thomas Müntzer. Nicht weit von der Alten Münze erinnert in der Niedergasse 2 eine Plakette an das mittlerweile niedergebrannte Geburtshaus des Reformators.

Zurück am Marktplatz erreicht man über die schon erwähnte Außentreppe des Rathauses die **Martinikirche** (Mai–Okt. tgl. 10–17, Nov.–April tgl. 11–16 Uhr), eine dreischiffige Basilika mit spätgotischer Grundform und älteren romanischen Fragmenten aus dem 11. Jh. Martin Luther predigte hier 1525 – auch wider seinen Gegenspieler Müntzer. Die Barockorgel stammt aus dem Jahre 1703.

Folgt man der Treppe weiter, kommt man zum **Schloss Stolberg**, der ehemaligen Residenz der Grafen zu Stolberg. Schon im 10. Jh. soll eine Vorgängerburg auf dem Felssporn gestanden haben. Über die Jahrhunderte immer wieder umgebaut, sind heute noch mittelalterliche Elemente aus dem 13. und 14. Jh. zu erkennen. Der Nordost- und Südwestflügel wurde im Stil der Renaissance errichtet, Ende des 17. Jh. ergänzte man den barocken Südostflügel. Nach langer Nutzung zu DDR-Zeiten als Ferienheim und nachfolgendem Verfall wird das Schloss gegenwärtig restauriert und ist daher geschlossen. Ein Pavillon informiert derweilen (Ostern–Sept.) über die Schlossgeschichte, ein Café (tgl. 11–18 Uhr) serviert Kleinigkeiten.

Von einem Hügel im Westen, den man auf dem *Oberen Bandweg* um Stolberg erreicht, hat man einen schönen Blick auf Stadt und Schloss. Hier erinnert die **Lutherbuche** an den Aufenthalt Martin Luthers 1525 in der Stadt.

Erholung versprechen Wanderungen durch die lichten Mischwälder um Stolberg. Der 579 m hohe **Große Auerberg** ist nur 5 km Fußweg über die alte, unbefestigte Auerbergstraße durch schöne Buchenwälder entfernt. Noch kürzer (20 min.) ist es vom Wanderparkplatz an der Landstraße nördlich des Berges. Für Sangesfrohe bietet die *Straße der Lieder* auf den Auerberg (ab Schindelbruch, 6 km von Stolberg, s.u.) mit 14 Liedstationen ausreichend Anregungen. Der 38 m hohe und mit 100 000 Nieten stabilisierte

TOP TIPP

Aussichtsturm **Josephskreuz** (Mai–Okt. Mo–Fr 10–18, Sa/So 10–19, Nov.–April Mo–Fr 10–16, Sa/So 10–17 Uhr) auf dem Großen Auerberg wurde 1896 eingeweiht. Er wirbt damit, das größte eiserne Doppelkreuz der Welt zu sein.

Eine Stadtverwaltung der langen Wege: Wer von einem Stockwerk des Stolberger Rathauses (links) ins andere gelangen willl, der muss die Außentreppe nehmen

In der Thyra Grotte mit ihren Saunen, Wasserkanonen und Rutschen ist Badespaß garantiert

Wichtiger als dieser Rekord ist der tolle Blick über die bewaldeten Harzberge und nach Süden bis zum Kyffhäusergebirge. Die Aussichtsplattform erreicht man nach einem Aufstieg von 200 Stufen.

Inspiriert vom Eiffelturm, wurde das Josephskreuz als eiserne Gitterkonstruktion erbaut

Nach langen Wanderungen und Besichtigungen verspricht ein Besuch in der **Thyra Grotte** (Thyratal 5, So–Do 10–21, Fr/Sa 10–22 Uhr), einem Erlebnisbad mit Farben- und Klangspielen, Entspannung für die müden Glieder.

Praktische Hinweise

Information

Tourist Information, Markt 2, 06547 Stolberg, Tel. 034 64/454, Fax 034 64/729, www.stadt-stolberg.de

Hotels

*****Hotel Schindelbruch**, Schindelbruch 1, Stolberg, Tel. 034 64/80 80, Fax 034 64/80 84 58, www.schindelbruch.de. Ruhige Zimmer, ein schöner Wellness-Bereich mit Pool und gehobene Harzküche.

****Weißes Roß**, Rittergasse 5, Stolberg, Tel. 03 46 54/403, Fax 034 64/602. In der Adelsherberge von 1672 dürfen heute auch Bürgerliche nächtigen.

Restaurants

Bergstüb'l Josephshöhe, Auerberg, direkt beim Josephskreuz, Tel. 03 46 54/80 90. Kaffee und Kuchen, dazu Harzer Hausmannskost (im Winter Mo Ruhetag)

Gasthaus Kupfer, Am Markt 23, Stolberg, Tel. 03 46 54/422. Stolberger Lerchen, Bratwürste, die in der Pfanne Pfeifgeräusche machen, und andere kräftige Harzkost.

18 Nordhausen

Domstadt mit reicher Handwerksgeschichte.

Nordhausens (42 000 Einw.) Altstadt präsentiert sich mit einer Reihe gut renovierter Fachwerkgebäude aus mehreren Jahrhunderten, vielen Geschäften und Cafés.

Geschichte Schon im 8. Jh. befand sich in der Gegend von Nordhausen ein fränkischer Königshof, der um 910 unter dem späteren König Heinrich I. zur Burg befestigt wurde. Kaiser Friedrich II. erhob die mittlerweile recht bedeutende Handelsstadt, in der auch die Klöster von Walkenried [Nr. 36] und Ilfeld große Handelsniederlassungen besaßen, 1220 zur freien Reichsstadt. Der schlimmste Tag in der Geschichte Nordhausens kam im April 1945: Wegen der Nähe zum KZ Mittelbau-Dora (s. S. 79), in dem die ›Vergeltungswaffe‹ V2 unter unmenschlichen Bedingungen gebaut wurde, flog die Alliierte Luftwaffe verheerende Angriffe, die einen Großteil der Stadt zerstörten.

Besichtigung Das durch die Luftangriffe 1945 stark in Mitleidenschaft gezogenen **Alte Rathaus** ❶, ein um 1610 fertig gestellter Renaissancebau mit geschlossenen Arkaden, wurde schon bald nach

dem Krieg wieder aufgebaut. Ein rot gewandeter Roland (Kopie, Original im Neuen Rathaus) symbolisiert bis heute die Freiheit der Bürger, die im Mittelalter zu Wohlstand kamen. Er ersetzte 1717 einen arg ramponierten Vorgänger von 1441.

Vom Stolz der Nordhausener auf ihre reiche Wirtschaftsgeschichte zeugt auch das **Museum im Tabakspeicher** ❷ (Bäckerstr. 20, Di–So 10–17 Uhr). All die unterschiedlichen Handwerke, denen die Bürger der Stadt über die Jahrhunderte nachgingen, von der Schneiderei bis zur Kautabakerzeugung, werden dort vorgestellt. Die Mitglieder der Handwerkergil-

Roter Blickfang: Der Nordhäuser Roland wacht mit erhobenem Schwert vor dem Alten Rathaus

Von altem Schrot und (Doppel)Korn: In der Nordhäuser Traditionsbrennerei erfährt man alles über die Destillation des Echten Nordhäuser Doppelkorn

den von Nordhausen trafen sich in der **Finkenburg** 3 (Domstraße), einem repräsentativen gotischen Fachwerkständerbau von 1444.

Der Glockenschlag des nahen zweitürmigen **Doms zum Heiligen Kreuz** 4 (Domstr. 5, www.dom-nordhausen.de, tgl. 9–15 Uhr) mag die Gilden ermahnt haben, nicht nur ans Geschäft zu denken. Er wurde ab 1227, nach der Umwandlung des Frauen- in ein Domherrenstift durch Friedrich II., in frühgotischem Stil umgebaut. Hoch ragen die Pfeiler, die das Kreuzgratgewölbe tragen, empor. Die Seitenwände des Chores dekorieren die überlebensgroßen Stifterfiguren, nämlich König Heinrich I. und seine Frau Mathilde. Auch Otto der Große und dessen Sohn Otto II. samt seiner Gemahlin Theophanou stehen dort. Bemerkenswert ist auch das geschnitzte Chorgestühl aus der Zeit um 1400. Das Domreliquiar, ein Splitter vom Kreuz Christi in einem edelsteinbesetzten Schmuckkreuz, ist nur an den Tagen um das Fest der Kreuzerhöhung (14. Sept.) zu sehen.

Sehr weltlich sind dagegen die Genüsse, die in der **Nordhäuser Traditionsbrennerei** 5 (Grimmelallee 11, www.traditionsbrennerei.de, Mo–Fr 10–16 Uhr, Führung um 14 Uhr) angeboten werden. Dort produzierte man bis vor einigen Jahren Kornbranntwein, mittlerweile wird er hier nur noch abgefüllt. Bei einer Führung wird die Technik der Destillation demonstriert, natürlich anschließend mit Verkostung und Verkauf.

Die dreischiffige spätgotische Hallenkirche **St. Blasii** 6 (Barfüßerstr. 2) fällt wegen ihrer unterschiedlich hohen achteckigen Türme auf. Nach einem Blitzeinschlag wurde der Nordturm 1634 etwas kürzer wieder aufgebaut.

Zurück in die Gegenwart führt das von einer parkähnlichen Gartenanlage umgebene **Kunsthaus Meyenburg** 7 (Di–So 10–17 Uhr, Alexander-Puschkin-Str. 31) am nördlichen Rand des Zentrums. In der Jugendstilvilla von 1907 werden Drucke und Grafiken von Feininger, Warhol, Miró und Penck gezeigt.

Ausflüge

Bei **Ilfeld**, etwa 6 km weiter nördlich an der B 4, kann man ins Besucherbergwerk *Rabensteiner Stollen* (April–Okt. Di–So 10–17, sonst bis 16 Uhr), wo vor allem während des 18. Jh. Steinkohle für den regionalen Bedarf abgebaut wurde, einfahren. Einige der authentischen Arbeitsorte und Abbaustrecken sind nur 60 cm hoch und vermitteln eine Ahnung von den Entbehrungen und harten Arbeitsbedingungen unter Tage.

Rund 10 km östlich von Nordhausen, auf halbem Wege zwischen Rottleberode und Uftrungen, befindet sich mit der **Höhle Heimkehle** (Mai–Okt. tgl. 10–17, Nov.–April 10–16 Uhr) die größte Gipshöhle Deutschlands. Das seit 1537 bekannte Höhlensystem wurde durch Auswaschungen des Gipssteins geschaffen. Es erstreckt sich über mehrere Kilometer, von denen 750 m für Besu-

TOP TIPP

cher erschlossen sind. Größter Raum ist der *Große Dom* mit 22 m Höhe und einem Durchmesser von 65 m. Ähnlich wie in Mittelbau-Dora mussten hier gegen Ende des Krieges KZ-Häftlinge Zwangsarbeit leisten und unter Tage Fahrgestelle für Kampfflugzeuge herstellen.

Praktische Hinweise

Information

Stadtinformation, Markt 1, 99734 Nordhausen, Tel. 036 31/69 67 97, Fax 036 31/ 69 67 99, www.nordhausen.de

Hotel

****Am Stadtpark**, Parkallee 8a, Nordhausen, Tel. 036 31/98 21 75, Fax 036 31/ 98 21 04, www.am-stadtpark-nordhausen.de. Ordentliche Herberge mit Restaurant am nördlichen Stadtrand (B4, B81).

Restaurants

Kneiff-Garten, Gerhard-Hauptmann-Str. 6, Nordhausen, Tel. 036 31/47 49 05, Moderne Küche, schmackhaft zubereitet (So geschl., Sa nur abends).

19 Sangerhausen

Rosenparadies und frühere Bergbaustadt zwischen Harz und Kyffhäusergebirge.

Im sachsen-anhaltinischen Sangerhausen (23 000 Einw.) ist man besonders stolz auf die hübsche Altstadt und natürlich auf das 1903 begründete Rosarium, das die Stadt zu einem Pilgerort für Rosenliebhaber macht.

In einer Urkunde des Jahres 991 tauchte ein Gutshof Sangerhausen das erste

Leiden unter Tage: das Konzentrationslager Mittelbau-Dora

Gerade hatte in der Heeresanstalt Peenemünde die Serienfertigung der als **Terrorwaffe** konzipierten A4-Rakete (auch V2 genannt) begonnen, als alliierte Bomber sie im August 1943 durch einem Luftangriff wieder beendeten. Um vor künftigen Luftangriffen sicher zu sein, beschlossen SS und Rüstungsministerium, die Produktion der A4 künftig unter die Erde zu verlegen. Als geeignet erwies sich das Stollensystem von Kohnstein, das spätere Lager Dora. Innerhalb von nur drei Monaten verlegte die SS über 10 000 Häftlinge aus dem KZ Buchenwald in die Stollen, um sie dort als **Zwangsarbeiter** bei deren Ausbau zur Waffenfabrik einzusetzen. Im Frühjahr 1945 lebten insgesamt etwa 40 000 Häftlinge im Hauptlager Dora und dessen etwa 40 Außenlagern. Wie entsetzlich die Bedingungen dort waren zeigen schon die Todesraten: Monatlich starben etwa 500 Menschen an Hunger und Erschöpfung. Angesichts des raschen Vorrückens der Alliierten im April 1945 kam der Befehl zur ›Evakuierung‹: Mit völlig überfüllten Zügen oder auf mörderischen Fußmärschen trieb die SS die Häftlinge in die KZs von Bergen-Belsen und Sachsenhausen. Als Einheiten der III. US-Armee das Lager am 11. April 1945 erreichten, fanden sie nur noch einige hundert Häftlinge.

Die KZ-Gedenkstätte Mittelbau-Dora erinnert eindringlich an das Leiden der Häftlinge in den Rüstungsbetrieben. Die Ruinen der Außenanlagen mit Appellplatz Resten einstiger Baracken und der Hinrichtungsstätte lassen noch heute Schaudern. Teile der früheren Stollenanlagen unter Tage sind im Rahmen einer Führung zugänglich.

KZ-Gedenkstätte Mittelbau-Dora, Kohnsteinweg 20, 99734 Nordhausen, Tel. 036 31/495 80, Fax 036 31/49 58 13, www.dora.de, Okt.–März Di–So 10–16, April–Sept. bis 18 Uhr, Außenanlagen tgl. bis Sonnenuntergang

Gespenstisch muten die alten Stollen des KZ Mittelbau-Dora an

Mal auf, später entwickelte sich aus einer Siedlung um die 1110 gestiftete St. Ulrichskirche eine befestigte Stadt. Der Silber- und Kupferbergbau begann im 14. Jh., im Jahre 1990 endete er.

Der **Marktplatz** bildet das Zentrum der historischen Altstadt, mit dem 1437 fertig gestellten, von einer barocken Laterne gekrönten spätgotischen *Alten Rathaus* an seiner Ostseite. Der dreigeschossige Renaissancebau des 1616 bis 1622 erbauten *Neuen Schlosses* prägt das Südostende des Platzes. In der früheren Residenz der Herzöge von Sachsen-Weißenfeld tagt heute das Amtsgericht. Im Südwesten des Platzes erhebt sich die spätgotische, dreischiffige Hallenkirche *St. Jakobi*. Den stark nach Westen geneigten, 61 m hohen Turm der 1542 auf den Grundmauern eines Vorgängerbaus errichteten Kirche ziert eine vergoldete Monduhr.

Das älteste Gebäude von Sangerhausen ist die 1116–23 entstandene Kirche **St. Ulrich** (Ulrichstraße, Di–Sa 10–12 und 14–16, So 14–16 Uhr). Die Symmetrie der Pfeiler, die das Haupt- von den zwei Seitenschiffen trennen, verstärkt noch den erhabenen Eindruck der romanischen Basilika. Reliefs von Löwen und Vögeln mit Weintrauben im Schnabel zieren die Pfeilerkapitelle. Im Nordquerhaus befinden sich Grabmale und Epitaphien, der Rest einer Chorschranke von 1200 und ein bronzenes Taufbecken von 1359.

Kaum weniger alt ist das Gebäude der Kreismusikschule am Alten Markt. Das recht nüchterne **Alte Schlosses** ließ Heinrich der Erlauchte von Meissen um 1260 errichten.

Doch was sind alte Schlösser oder romanische Kirchen schon im Vergleich zur Pracht blühender Rosen! Im **Europa-Rosarium** (Steinberger Weg 3, Mitte April–Mitte Okt. tgl. 9–19, Juni–Aug. 9–20 Uhr), der 1903 begründeten und mittlerweile größten Rosensammlung der Welt, duften sie vom Frühjahr bis in den Herbst um die Wette. Knapp 8000 Rosensorten, davon 500 Wildrosenarten, finden sich auf 12,5 ha Fläche. Rosenfreunde kommen von weither, um die ›Kleinste Rose der Welt‹ oder eine grüne Rose zu bewundern. Am letzten Juniwochenende feiert Sangerhausen mit einem großen Umzug das Rosenfest.

Nicht Rosen, sondern die Weiten der eiszeitlichen Steppen prägten die Landschaft um Sangerhausen, als das Mammut umherzog, dessen Skelett im **Spengler-Museum** (Di–So 13–17 Uhr, Bahnhofstr. 33) gezeigt wird. 500 000 Jahre nach seinem Tod fand es der Namensgeber des Museums, Gustav Adolf Spengler, in der Nähe von Sangerhausen. Zurück in die nicht ganz so ferne Vergan-

Sag mir, wo die Blumen sind! Im Rosarium von Sangerhausen fällt die Antwort leicht

Beim schlafenden Kaiser: Das Kyffhäuser Gebirge

Die **Sage** vom Herrscher, der in einem Berg schläft und erwachen wird, wenn es besonders schlecht um sein Volk steht, erzählen sich die Menschen in vielen Ländern. In Deutschland ist es Kaiser Friedrich Barbarossa, der in einer Höhle im Kyffhäuser ruhen soll. Besonders dieser Legende verdankt das durch die Goldene Aue vom Harz getrennte, dicht bewaldete und an seiner höchsten Erhebung, dem Kulpenberg, 477 m ü. NN aufragende Kyffhäuser Gebirge seine Popularität.

Seit 1896 markiert ein klotziges, weithin sichtbares **Kyffhäuserdenkmal** zur Verherrlichung des ersten preußischen Kaisers Wilhelm I. und der Reichsgründung von 1871 den Schauplatz der Barbarossasage. Von der Turmkuppel des 81 m hohen Denkmals lässt sich bei klarer Sicht der Brocken im Nordwesten ausmachen. Der erwachende Friedrich Barbarossa thront als Steinfigur im Felsenhof, während Wilhelm I. als Reiterstandbild am Turmsockel kühn in die Zukunft blickt.

Für das Monument wurden Teile der im 12. Jh. errichtete Reichsburg Kyffhausen, von der noch Mauern der Unterburg und der 176 m tiefe Brunnen der Oberburg erhalten sind, geopfert.

Die verzweigte Barbarossahöhle im verkarsteten Südwesten des Gebirges lohnt einen Besuch. Die Temperatur in dem über Jahrtausende vom Wasser ausgewaschenen Gipshöhlensystem beträgt 9° C. Besonders eindrucksvoll präsentieren sich die 30 m hohe Gewölbehalle Olymp und die Grottenhöhle mit bis zu 3,50 m tiefen Seen.

Bei **Bad Frankenhausen** am südlichen Rand des Kyffhäuser fand am 15. Mai 1525 die Entscheidungsschlacht des Bauernkrieges statt. Am Ende des Tages waren 5000 schlecht bewaffnete, aufrührerische Bauern vom Fürstenheer niedergemetzelt, ihr gefangen genommener Anführer, der Prediger Thomas Müntzer aus Stolberg, wurde hingerichtet.

In seiner Größe und Detailfreude schier überwältigend ist das Rundbild ›Frühbürgerliche Revolution in Deutschland‹ im **Panorama Museum** (April–Okt. Di–So 10–18, Juli/Aug. auch Mo 13–18 Uhr, Nov.–März 10–17 Uhr, Tel. 03 46 71/619 20, www.panorama-museum.de) am Ort der Schlacht. Der Leipziger Maler Werner Tübke schuf das 123 m lange und 14 m hohe Werk zwischen 1976 und 1987 im Auftrag der Regierung der DDR. Ursprünglich sollte Tübke, dem Titel gemäß, den Bauernkrieg als Teil der Erhebung gegen die Feudalherrschaft des Adels in der frühen Neuzeit darstellen. Tübke gelang es aber, sein Thema bedeutend weiter zu fassen. So steht die Schlacht von Frankenhausen zwar im Zentrum des Geschehens, doch ansonsten weist das Gemälde über das 16. Jh. hinaus und behandelt allgemeingültige Triebfedern des Menschen wie Machtstreben oder Gier.

TOP TIPP

genheit geht es in den Abteilungen zur Stadt- und Bergbaugeschichte. Im ehemaligen Wohnhaus Spenglers (Hospitalstr. 56) illustriert eine Ausstellung sein Lebenswerk.

Ausflug

Nördlich von Sangerhausen, bei Wettelrode, können Besucher in das **Schaubergwerk Röhrigschacht** (www.roehrigschacht.de, Mi–So 9.30–17 Uhr) einfahren. 283 m tief bringt eine Schachtförderanlage die Besucher unter Tage, von dort geht es mit einer Grubenbahn 1 km weiter in ein Abbaufeld des 19. Jh.

i Praktische Hinweise

Information

Tourist-Information,
Schützenplatz 8, 06526 Sangershausen, Tel. 034 64/61 33 30, Fax 034 64/51 53 36, www.sangerhausen-tourist.de

Unterkünfte

Hotel Katharina, Riestedter Str. 18, Sangerhausen, Tel. 034 64/242 90, Fax 034 64/24 29 40, www.hotelkatharina.de. Nette Herberge in der historischen Altstadt, Restaurant mit gutbürgerlicher Küche.

Zeuge einer längst vergangenen Zeit: Das Mammut im Spengler-Museum

Restaurants

Konditorei Kaffeehaus Kolditz, Bahnhofstr. 44, Sangerhausen, Tel. 034 64/57 23 97. Traditionsbetrieb seit 1888. Das nostalgische Café bietet guten Kaffee und herrlichem Kuchen, Petits Fours und hausgemachten Pralinen (Mo–Fr 9–18 Uhr).

Ratskeller, Markt 1, Sangerhausen, Tel. 034 64/57 92 90. Gutbürgerliche Küche, Wild- und Fischspezialitäten in den Rathausgewölben aus dem 14. Jh.

20 Lutherstadt Eisleben

Geburts- und Sterbeort des Kirchenreformators Martin Luther.

Gekleidet in den Talar eines Predigers und die Bibel unter dem Arm blickt ein vom Bildhauer Rudolf Siemering (1835–1905) geschaffener bronzener **Martin Luther** seit seinem 400. Geburtstag 1883 von einem Sockel über den lang gestreckten Marktplatz. 1483 wurde der Reformator in Eisleben geboren, Zeit seines Lebens pflegte er eine enge Beziehung zu seiner Heimatstadt.

Eisleben gehörte seit 1229 zum Besitz der *Mansfelder Grafen*, die durch den Kupferbergbau reich geworden waren. Besonders im 15. und 16. Jh. erlebte die Stadt ihre Blütezeit. Auch Hans Luther, der Vater Martin Luthers, kam 1483 nach Eisleben, um dort als Bergmann zu arbeiten. Allerdings zog die Familie noch im selben Jahr ins nahe Mansfeld, wo Luther zum erfolgreichen Hüttenunternehmer avancierte. Der **Dreißigjährige Krieg** brachte den Bergbau zum Erliegen und es dauerte bis zum Ende des 17. Jh., bis wieder Erträge von nennenswertem Umfang erzielt wurden. Angesichts der zur Neige gehenden Erzlagerstätten wurde mit dem Ende der DDR auch der Kupferschieferbergbau in Eisleben eingestellt.

Die ehemaligen **Stadtpalais** der drei Mansfelder Grafenfamilien flankieren das Geviert um das 1510–1530 in spätgotischem Stil errichtete Rathaus mit Freitreppe und steilem, dreigeschossigem Giebeldach. In der dreitürmigen spätgotischen **St. Andreaskirche** direkt hinter dem Rathaus hielt Luther wenige Tage vor seinem Tod seine letzte Predigt. Der bedeutendste kunsthistorische Schatz der dreischiffigen Hallenkirche ist ein vierflügeliger gotischer Altar von 1520.

Ende Januar 1546 kam Luther, bereits schwer krank, nach Eisleben, um Geld- und Erbstreitigkeiten innerhalb der in mehrere Zweige zersplitterten Mansfelder Grafenfamilie zu schlichten. In der Nacht zum 18. Februar verstarb der Reformator, allerdings nicht, wie vielfach vermutet, im seit 1894 zur Gedenkstätte umgestalteten **Sterbehaus** (Andreaskirchplatz 7, April–Okt. tgl. 10–18, Nov.–März Di–So 10–17 Uhr), sondern im Haus Markt 56 (heute Hotel Graf von Mansfeld, s. u.). Im Sterbehaus werden insbesondere Luthers letzter Lebensabschnitt und seine Bibelübersetzung gewürdigt. Das *Regionalgeschichtliche Museum* im gleichen Bau informiert über die Geschichte des Mansfelder Landes und die Frühgeschichte der Region.

An der Ecke von Lutherstraße und Seminarstraße befindet sich südöstlich des Marktes **Luthers Geburtshaus** (April–Okt. tgl. 10–18, Nov.–März Di–So 10–17 Uhr). Als Martin Luther hier am 10. November 1483 zur Welt kam, sah es allerdings noch deutlich schlichter aus. Eine Ausstellung unter dem Motto ›Von daher bin ich‹ beleuchtet die Welt, in die Martin Luther geboren wurde. Ein Stadtmodell zeigt Eisleben um 1500, die Grafen von Mansfeld werden vorgestellt und die Frömmigkeit der Familie Luther als wichtige Inspiration des Reformators erklärt. In drei Räumen wurde die Wohnung der Luthers nachgebaut.

Top Tipp

Die spätgotische Pfarrkirche **St. Petri-Pauli** liegt wenige Schritte Richtung Stadtgraben. Hier wurde Luther am 11. November, dem Tag des hl. Martin, getauft. In der dreischiffigen Hallenkirche befinden sich einige zeitgenössische Bilder von Luthers Eltern und ein vergoldeter Schnitzaltar vom Beginn des 16. Jh., in dessen Zentrum die hl. Anna Selbdritt steht. Anna, die Mutter Marias, war die Patronin der Bergleute, zu ihr betete der junge Martin Luther, als er während eines Gewitters um sein Leben fürchtete. Zum Dank für seine Errettung trat er anschließend ins Kloster ein.

Unter dem Einfluss Martin Luthers wurde in der Pfarrkirche **St. Annen** westlich des Zentrums als erster Kirche in der Grafschaft Mansfeld die neue evangelische Lehre gepredigt. Da ihr Bau schon 1513 begonnen, aber erst 1608 beendet wurde, mischt sich gotischer Baustil mit dem der Renaissance. Berühmt ist die in Europa einmalige Steinbilderbibel (1585), die im Langhaus aus 29 vom Bildhauer Hans Thon Uttendrup geschaffenen Sandsteinreliefs entlang der Chorgestühlbrüstung aufgestellt ist. Die ersten zwei Bilder zeigen Tod und Auferstehung Christi, es folgen markante Bibelszenen des Alten Testaments.

Hier stehe ich, ich kann nicht anders: Das Luther-Denkmal in Eisleben

Praktische Hinweise

Information

Fremdenverkehrsverein Lutherstadt Eisleben/Mansfelder Land, Bahnhofstr. 36, 06295 Lutherstadt-Eisleben, Tel. 03475/602124, Fax 03475/602634, www.eisleben-tourist.de

Hotels

****Hotel Graf von Mansfeld**, Markt 56, Lutherstadt-Eisleben, Tel. 03475/66300, Fax 03475/250723, www.hotel-eisleben.de. Komfortables Hotel, Zimmer mit romanischen Stilelementen – und das eigentliche Sterbehaus Martin Luthers.

****Hotel an der Klosterpforte**, Lindenstr. 34, Lutherstadt-Eisleben, Tel. 03475/71440, Fax 03475/7144100, www.klosterpforte.com. Modernes Hotel auf dem historischen Klostergelände St. Marien zu Helfa, Schänke mit eigener Brauerei.

Luther und Müntzer – Gegenspieler während der Reformation

Zwischen Eisleben und Stolberg, den Geburtsstädten Martin Luthers und Thomas Müntzers, liegen nur 60 km. Doch theologisch trennten Welten die beiden Reformatoren. Denn während es Luther ›nur‹ um die Rettung der Seele ging, sah sich Müntzer als Werkzeug zur Verwirklichung des Reichs der Gerechten auf Erden.

Lange Jahre quälte den Augustinermönch und Professor für Bibelwissenschaften an der Universität Wittenberg **Martin Luther** die Furcht vor den Qualen der Hölle, die er meinte als Strafe für sein sündiges Leben erdulden zu müssen. Doch dann stieß er in der Bibel auf die erlösende Erkenntnis: **Allein durch den Glauben** wird der Mensch vor Gott gerecht, nicht durch Selbstkasteiung oder gar den Kauf von Ablassbriefen, mit denen der Papst den Bau des Petersdoms in Rom zu finanzieren gedachte.

1517 fasste Luther seine Überlegungen zu den berühmten **95 Thesen** zusammen. Auch wenn er sie nicht mit donnernden Schlägen an die Wittenberger Schlosskirche nagelte, wie vielfach zu lesen ist, sondern wissenschaftlich korrekt an Kollegen versandte, um sie zur Diskussion aufzufordern, hatten sie eine enorme Wirkung. Die Sprengkraft der Thesen für die mittelalterliche Kirche bestand darin, dass ihr die alleinige Vermittlerrolle zwischen Mensch und Gott verloren ging. Außerdem fand Luther rasch Unterstützung bei deutschen Reichsfürsten, die nur darauf warteten, sich von Kaiser und Kirche unabhängiger zu machen.

Die Wege Luthers und **Thomas Müntzers** kreuzten sich 1519 in Leipzig. Luther empfahl den von der frühreformatorischen Bewegung begeisterten Müntzer auf eine Pfarrstelle nach Zwickau. Dort radikalisierten sich die Gedanken Müntzers zusehends: Während Luther strikt zwischen weltlicher Macht und Gottes himmlischem Reich unterschied, kam Müntzer in Kontakt mit Wiedertäufern und sah angesichts des sozialen Elends in Zwickau das Kommen des **Antichrist** herannahen. Als 1524 Bauernaufstände im Deutschen Reich um sich griffen, verstand Müntzer dies als endgültiges Zeichen für das Ende der Welt. Im Mai 1525 setzte er sich unter der Fahne des Regenbogens an die Spitze eines Bauernheeres, von dem er annahm, es würde den Teufel in Gestalt der Ritterheere besiegen. Das Gegenteil war der Fall: Am Ende der zweitägigen Schlacht bei Bad Frankenhausen waren 5000 Bauern tot und Müntzer wurde hingerichtet – mit ausdrücklicher Billigung Luthers.

Unter dem Zeichen des Regenbogens rief Thomas Müntzer die Bauern zum Kampf gegen das Adelsheer

Was vom Bergbau übrig blieb: Pyramidengleich emporragende Abraumhalde bei Hettstedt

21 Hettstedt

Jahrhunderte alte Bergbaugeschichte und der frühe Tod eines romantischen Dichters.

Am Nordrand des Mansfelder Landes liegt die Kleinstadt Hettstedt (15 000 Einw.). Noch heute wachen die Türme der mittelalterlichen Stadtbefestigung über die vorbildlich sanierten Häuser der Altstadt und die spätgotische Kirche St. Jakobi (erbaut 1418–1517).

Das **Mansfeld-Museum** (Schlossstraße 7, www.mansfeld-museum-hettstedt.de, Mi–Fr 10–16, Sa/So bis 17 Uhr) im sog. Humboldtschlösschen – Wilhelm von Humboldt lernte hier seine spätere Ehefrau kennen – im Süden der Altstadt erzählt die Geschichte des für die Region so prägenden Kupferschieferabbaus. Seit dem Ende des 12. Jh. grub man um Hettstedt nach dem wertvollen Werkstoff, die Blütezeit des Kupferbergbaus im Mansfelder Land waren das 15. und 16. Jh. So zeigt das Museum Geräte und Maschinen aus acht Jahrhunderten, unter ihnen ist übrigens auch ein Nachbau der ersten in Deutschland nach Wattscher Bauart produzierten *Dampfmaschine* aus dem Jahr 1787. Unter dem Vorwand, eine solche Maschine für das Hettstedter Bergwerk kaufen zu wollen war ein Ingenieur nach England gereist, hatte das Gerät eingehend studiert – und dann nachgebaut. Ein früher Fall von Industriespionage!

Ausflüge

In **Mansfeld** im Süden von Hettstedt hatten die Grafen Mansfeld, nach denen die gesamte Region benannt ist, ihren Sitz. Deren Schloss über der Stadt beherbergt heute eine Jugendbegegnungsstätte. An Martin Luther und dessen Eltern, die 1483 von Eisleben hierher zogen, erinnert ein kleines **Museum** (Mo–Fr 9–12 und 13–15.30 Uhr, bei Stadtinformation, Junghuhnstraße 2 anmelden).

Das **Novalis-Museum** (Di–So 10–16 Uhr) im Schloss Oberwiederstedt 3 km nördlich von Hettstedt würdigt Leben und Werk des 1772 hier geborenen Friedrich Freiherr von Hardenberg, genannt Novalis, der schon im Alter von 28 Jahren an Tuberkulose starb. In seinen Werken wie dem Roman ›Heinrich von Ofterdingen‹ oder den ›Hymnen an die Nacht‹ bemühte er sich um die Versöhnung von Natur, Mensch und Geist durch die Mittel der Poesie. Teilweise erst nach seinem Tod veröffentlicht, gelten sie heute als frühromantische Meisterstücke.

i Praktische Hinweise

Information

Tourist Information, Markt 1, 06333 Hettstedt, Tel. 034 76/80 10, www.hettstedt.de

Oberharz und südliches Vorland – Gipfelglück und Bergbaustädtchen

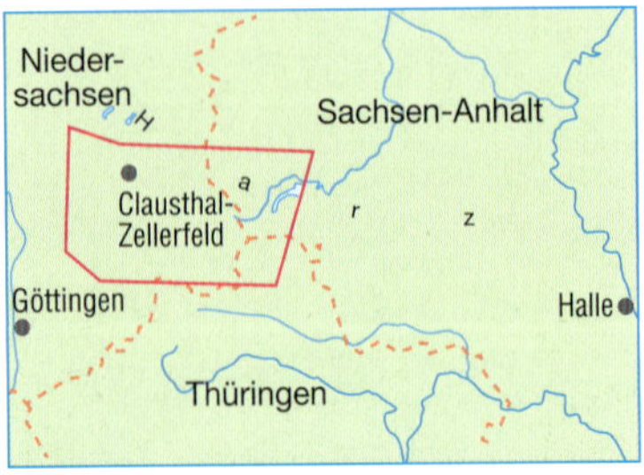

Ob mit der wunderbar nostalgischen Brockenbahn oder auf Schusters Rappen über einen der viel begangenen Wanderwege durch dichte Fichtenwälder und subalpine Berglandschaften: Ein Besuch des 1142 m hohen **Brockens** ist immer ein besonderes Erlebnis. Inmitten der Waldeinsamkeit des **Nationalparks Harz** gelegen, gehört er besonders bei gutem Wetter zu den meistbesuchten Zielen des Mittelgebirges.

Doch auch die Städte und Dörfer des Oberharzes haben einiges zu bieten. Besonders stolz ist man dort auf die lange **Bergbautradition**. So lässt das Bergwerksmuseum in der Universitätsstadt **Clausthal-Zellerfeld** kaum eine Frage zur harten Arbeit unter Tage offen. Mindestens ebenso faszinierend ist ein Besuch der Grube Samson in **Sankt Andreasberg**, wo sich noch heute die hölzernen Wasserräder drehen, mit denen einst das Erz aus dem Berg geholt wurde.

Nach Südwesten hin, dort, wo die Berge allmählich an Höhe verlieren, warten einige hübsche Orte auf Entdeckung, etwa die Fachwerkstadt **Osterode**, der Kurort **Bad Lauterberg** oder **Herzberg** mit seinem alten Welfenschloss. Die große Zeit der mittelalterlichen Mönchsorden erweckt das **Zisterziensermuseum Walkenried** wieder zum Leben.

22 Schierke

Populärer Ferienort am Fuße des Brockens. Ausgangspunkt vieler Kletter- und Wandertouren.

Der im Sommer wie im Winter beliebte Ferienort Schierke (800 Einw.) schmiegt sich im Südosten des Brockens in das windgeschützte Tal der Kalten Bode. Schon sein Name deutet auf die Entstehung hin: Vermutlich schlugen einst Holzfäller hier ihr Lager auf, denn Schiriken, wie der Ort im 16. Jh. hieß, bezeichnete ›blankes, abgeschältes Holz‹. Auch Erzgestein wurde bei Schierke gefördert und verhüttet. Gegen Ende des 19. Jh. avancierte der Fremdenverkehr zum bedeutendsten Wirtschaftszweig.

Die **Brockenbahn**, die von Schierkes Bahnhof aus auf den Gipfel des 1142 m hohen Berges schnauft, ist von den großen gebührenpflichtigen Parkplätzen am Ortseingang in einem zehnminütigen Fußmarsch zu erreichen.

Das Ortszentrum mit einigen älteren Gebäuden und einer Reihe von Hotels

und Pensionen ist schnell durchschritten. Ein *Gedenkstein* erinnert an die deutsche Teilung und die einst nahe Grenze. Auffälligstes Gebäude am Hauptplatz ist das *Rathaus* aus den 1920er-Jahren mit einem massiven Granitfundament und dekorativem Fachwerkobergeschoss. Unter dem Frontgiebel prangt der Sinnspruch: ›Dem Wohl und der Würde der Arbeit‹.

Der ›**Schierker Feuerstein**‹ ist aus zweierlei Gründen bekannt. Zum einen heißt so ein Kletterfelsen in unmittelbarer Nähe des Bahnhofs, auf dem früher Signalfeuer entzündet worden sein sollen. Sehr bekömmmlich ist der würzige, halbbittere Kräuterlikör gleichen Namens, dessen Erfolgsgeschichte in der *Alten Apotheke* (Brockenstr. 3) erzählt wird. Um 1924 mazerierte ihn der Apotheker Willy Drube aus Kräuter- und Wurzelextrakten mit Weingeist – die Zutaten sind bis heute ein gut gehütetes Geheimnis.

Wanderung

Der Name des kleinen Kurorts **Elend** 4 km südöstlich von Schierke fordert natürlich zu Wortwitzen heraus, zumal dessen Nachbarort auch noch Sorge heißt. Doch der Ortsname leitet sich nicht von Armut und Drangsal ab, sondern aus dem Mittelhochdeutschen »Al lanti«, fremdes Land, weil die Siedlung sich im Mittelalter nicht der Herrschaft der Klöster unterordnete. Auch die mit 5 x 11 m kleinste *Holzkirche* Deutschlands von 1887 auf der Dorfwiese könnte von diesem Wunsch nach Unabhängigkeit zeugen, denn nun mussten die Elender nicht mehr ihr Dorf verlassen, um den Gottesdienst zu hören. Trotz ihrer geringen Größe ist die Kirche mit Orgel, Altar und einer im Erzgebirge geschnitzten Kanzel komplett eingerichtet.

Unweit der Holzkirche, an der Alten Braunlager Straße, startet eine abwechslungsreiche *Wanderung*, die auf einer Strecke von gut 6 km zu den Plattentürmen der verwitterten Schnarcherklippen führt, die den Harzwanderer Goethe neben anderen Eindrücken zur berühmten Walpurgisnachtszene im Faust I. inspirierte. Weiter geht es zum Barenberg mit einem schönen Aussichtspunkt und zu den Mäuseklippen.

Praktische Hinweise

Information

Kurverwaltung, Brockenstr. 10, 38879 Schierke, Tel. 03 94 55/86 80, Fax 03 94 55/403, www.schierke-am-brocken.de

Durch weite Bergwaldwelten fährt die Brockenbahn ihrem Ziel entgegen

Sport

Deutscher Alpenverein, Mühlenweg 1, Schierke, Tel. 03 94 55/515 46, Fax 03 94 55/515 48, www.dav-basislager-brocken.de. Kletterkurse, Mountainbiketouren, geführte Wanderungen. Auch Übernachtungen im Vereinsheim möglich.

Hotels

Hotel Grüne Tanne, Mandelholz 1, Elend, Tel. 03 94 54/460, Fax 03 94 54/461 55, www.mandelholz.de. Gutes Preis-Leistungsverhältnis und gepflegte Zimmer, dazu kleiner Wellnessbereich, Harzer Küche.

*Pension Schmidt**, Brockenstraße 13, Schierke, Tel. 03 94 55/333, Fax 03 94 55/03 94 54/810 28, www.pension-schmidt.de. Gemütliche Familienpension am Fuße des Brocken, ideal für Wanderer.

Restaurant

Kräuterhof, Drei Annen Hohne, östl. von Schierke, bei der Bahnstation, Tel. 03 94 55/840. Exzellente regionale Gerichte, zubereitet mit frischen Kräutern.

23 Brocken

TOP TIPP *Legendärer und leider oft nebelverhangener Gipfel des Harzes.*

An über 300 Tagen im Jahr wehen Nebel über die kahle Kuppe des Brockens. Doch wenn die Sicht klar ist, kann der Blick bis zu 100 km weit über das norddeutsche Tiefland reichen. Seine ungebrochene Anziehungskraft – bei schönem Wetter besuchen ihn bis zu 15 000 Menschen an einem einzigen Tag – verdankt der mit 1142 m höchste Berg des Harzes auch der herrlichen Landschaft, durch die der Anstieg, ob zu Fuß oder mit der Brockenbahn von Schierke [Nr. 22] aus, führt. Wegen der rauen Wetterbedingungen hat der Brocken die **niedrigste Baumgrenze** aller deutschen Mittelgebirge: Ab einer Höhe von 1100 m weicht der Fichtenwald zurück und geht über in subalpine Vegetation aus Zwergsträuchern, Gräsern und Flechten.

Die kürzeste, rund 8 km lange **Wanderstrecke** führt in zwei bis drei Stunden vom Parkplatz bei der Kalten Bode am

Ortsausgang von Schierke vorbei an einem Wasserwerk und entlang dem Eckerlochstieg zum Brocken. Wer auch hinunter wandern will, kann die Heinrichshöhe (1040 m) umkreisen und über die Brockenkinder den Glashüttenweg zur 822 m hohen Ahrensklint herabsteigen. Von dort ist es nicht mehr weit zum Bahnhof der Brockenbahn oder zum Ausgangspunkt der damit rund 20 km langen sechsstündigen Wanderung.

Das **Brockenhaus** (Tel. 03 94 55/500 05, www.nationalpark-brockenhaus.de, tgl. 9.30–17 Uhr) auf dem Gipfel informiert über Flora, Fauna und Geologie des höchsten Harzberges, aber auch über seine militärische Vergangenheit als Sende- und Abhörposten während des Kalten Krieges sowie über Hexen, Teufel und berühmte irdische Brockenbesucher. Der russische Zar Peter der Große gehört mit der Besteigung 1697 zu der illustren Liste, Goethe erklomm den Brocken auf dreien seiner vier Harzreisen 1777, 1783 und 1784. Ein ihm gewidmeter Weg führt über 8 km von Torfhaus (s. S. 96) auf den Gipfel. Nach Heinrich Heine (1824) ist der Aufstieg von Ilsenburg (s. S. 37) benannt, an den Dichter erinnert ein Gedenkstein auf dem Gipfelplateau.

Im 1890 von der Universität Göttingen angelegten **Brockengarten** (Führungen Mai–Okt. tgl. 11.30 und 14 Uhr, Tel. 039 43/550 20) bei der Wetterwarte gedeihen 1500 alpine Pflanzen aus aller Welt.

Der ausgeschilderte, etwa 2 km lange **Brockenrundweg** umkreist den Felsbuckel in Gipfelhöhe. In nicht mehr als einer

Links: *Hoch hinaus im Harz: Der Brocken ist das beliebteste Ziel des Mittelgebirges*
Unten: *Ein Berg für die ganze Familie: Bequeme Pfade führen aus allen Himmelsrichtungen zur Brockenkuppe*

Stunde können auch ungeübte Wanderer vom Brockenbahnhof über den Brockengarten, die Granitklippen der Teufelskanzel und den Brockengipfel wieder zur Bahnstation zurückgekehrt sein.

Praktische Hinweise

Unterkünfte

****Brockenherberge**, Brockenplateau, Tel. 03 94 55/120, Fax 03 94 55/121 00, www.brockenherberge.de. Bei gutem Wetter kann man aus dem Fenster des einzigen Hotels im Nationalpark den ganzen Harz überblicken.

Restaurant

Hexenklause, im Brockenhotel, Tel. 03 94 55/120. Im höchsten Restaurant Norddeutschlands wird Harzer Küche serviert, mit Portionen, bei denen keiner hungrig vom Tisch aufsteht.

Wenn die Hexen tanzen

Die Hexen zu dem Brocken ziehn,
Die Stoppel ist gelb, die Saat ist grün.
Dort sammelt sich der große Hauf,
Herr Urian sitzt oben auf.
So geht es über Stein und Stock,
Es farzt die Hexe, es stinkt der Bock.
(J.W. von Goethe, Faust I, 1808)

Wenn heutzutage in der Nacht zum 1. Mai die Feierlustigen als Hexen oder Teufel verkleidet den Frühling mit großen **Walpurgisfeiern** begrüßen und ums Feuer tanzen, dann geht es wesentlich gesitteter zu als in Goethes Faust. Ob auf dem Hexentanzplatz bei Thale, in Schierke oder Goslar: Immer steht bei den von Umzügen und Feuerwerk begleiteten Feiern der Spaß am bunten Treiben im Vordergrund. Seinen Namen verdankt das Fest übrigens der hl. Walburga, die am 1. Mai ihren Namenstag hat und als Schutzpatronin gegen das Verhextwerden bei Mensch und Tier gilt. Doch dass man sich wirklich in die Obhut der Heiligen begeben muss, daran glaubt heute kaum jemand mehr.

Als Goethe den Faust anfang des 19. Jh. niederschrieb, war das noch anders: Erst 1775 wurde das letzte **Todesurteil** gegen eine angebliche Hexe in Deutschland vollstreckt, Goethe griff also mit seiner Schilderung der Walpurgisnacht auf dem Brocken Vorstellungen auf, die manchem seiner Zeitgenossen noch ausgesprochen real erschienen. Umso mehr traf das am Ende des 15. Jh. zu, als die **Hexenverfolgung** mit voller Wucht über Deutschland und Europa hereinbrachen. Bis zu ihrem Ausklingen am Ende des 18. Jh. fielen ihr etwa 100 000 Frauen und Männer zum Opfer. All die Schicksalsschläge, die das Leben überschatteten, meinte man auf den ›Schadzauber‹ einer Hexe oder eines Zauberers zurückführen zu können: Ob nun ein junger Bauernsohn von seinem Pferd totgetreten wurde, während eine alte Frau vorüberging, oder einer Händlerin der Rücken schmerzte, nachdem sie mit der Nachbarin in Streit geraten war: Immer glaubte man an Hexerei – und forderte Hilfe von Staat oder Kirche. So war der Hexenhammer von 1487, eine Zusammenfassung der Hexenlehre, vor allem der Versuch, Ordnung in eine Welt der Zauberei zu bringen und weltlichen wie kirchlichen Gerichten dabei zu helfen, Hexen zu überführen. Um die Wahrheit zu erfahren, griff man fast immer zur Folter – und das Urteil lautete unausweichlich auf Todesstrafe. Erst mit dem Aufkommen der **Aufklärung** am Ende des 17. Jh. endeten die Prozesse allmählich.

Warum Goethe seine Walpurgisnachtszene auf den Brocken verlegte, ist ungewiss, womöglich ließ er sich von seiner Brockenbesteigung im Dezember 1777 inspirieren. Ein geeigneter Schauplatz ist der oft sturmumtoste und nebelverhangene Gipfel aber allemal. Zudem war der Harz im 16. und 17. Jh. tatsächlich einer der Brennpunkte der Hexenverfolgung im Deutschen Reich.

Weite Sicht, klare Luft und Schnee unter den Kufen: Am Wurmberg werden Langläuferträume wahr

24 Braunlage

Muntere Sommerfrische mit Kurcharakter und Harzer Wintersportzentrum.

Die 6800 Einwohner zählende Stadt am Fuße des Wurmbergs wird von der Warmen Bode durchflossen. Im Sommer laden die umliegenden Bergwälder zu ausgedehnten Wanderungen, im Winter präsentiert sich der Ort als traditionsreiches Wintersportzentrum. Schon 1892 gründete der Braunlager Oberförster Arthur Ulrichs hier den ersten deutschen Skiverein, bereits neun Jahre vorher hatte er den Skisport im Harz eingeführt. Die Geschichte von Braunlage, seines Bergbaus, aber auch von Glasherstellung und Skitradition zeigt das kleine **Heimat- und Skimuseum** (Am Graben 4, Di/Fr 10–12 Uhr) am Kurpark.

Das **Eisstadion** in der Harzburger Straße ist auch für internationale Wettkämpfe im Eislauf und Eisstockschießen geeignet, der Eishockeyclub ›Harzer Wölfe‹ veranstaltet hier seine Saisonspiele. Eine Skisprungschanze, perfekt präparierte Skipisten und Langlaufloipen runden das Angebot ab. Längste und schwierigste Strecke um Braunlage herum ist die Hasselkopf-Loipe mit 15 km Länge.

Das besonders reizvolle **Langlaufgebiet** in Richtung Brocken erschließt die Kabinenseilbahn (Tel. 055 20/999 30, www.wurmberg-seilbahn.de) auf den **Wurmberg**, den mit einer Gipfelhöhe von 971 m höchsten Berg Niedersachsens. Die längste alpine Abfahrtsstrecke des Harzes nimmt an der Bergstation ihren Anfang. Auch im Sommer lohnt die Fahrt hinauf, das Netz an Wanderwegen ist vorzüglich und die weite Aussicht begeistert.

Wanderung

Eine 20 km lange, abwechslungsreiche Wanderstrecke (roter Punkt) führt von der Talstation der Wurmberg-Seilbahn in Braunlage zunächst zum Unteren und Oberen Bodefall. Besonders zur Schneeschmelze im Frühjahr oder nach starken Niederschlägen bieten sie ein imposant tosendes Schauspiel. Dann geht es weiter zur 925 m hohen **Achtermannshöhe**. Ihr felsiger Gipfel überragt die Baumkronen, ungehindert kann man den Blick von hier oben in alle vier Himmelsrichtungen schweifen lassen. Abends sind dort spektakuläre Sonnenuntergänge zu erleben. Weiter geht es zwischen Schwarzem Sumpf und Rotem Bruch, entlang dem Ulmerweg und die Heidentreppe hinauf zum Gipfel des **Wurmbergs**, bevor nach ca. sechs Stunden wieder der Ausgangspunkt der Tour erreicht ist.

Zurück zur Natur: der Nationalpark Harz

Dichte Fichtenwälder, raue Bergkuppen, alte Buchengehölze, dazwischen rasch fließende Bäche und einsame Moore: Das ist der Nationalpark Harz. Er erstreckt sich auf einer Gesamtfläche von ca. 247 km^2 vom Südrand des Mittelgebirges beim niedersächsischen Herzberg über die Hochlagen bis zum Nordrand bei Ilsenburg in Sachsen-Anhalt. Somit stehen etwa 10% des Harzes unter besonderem Naturschutz. Mit dem Brocken (1142 m) gehört auch der höchste Berg des Harzes zum Nationalpark.

Da intensiver Bergbau und die Köhlerwirtschaft mit ihrem riesigen Holzbedarf besonders in den Hochlagen des Harzes zu erheblichen Rodungen geführt hatten, forstete man ab dem 18. Jh. mit schnell wachsenden **Fichten-Monokulturen** auf. In den kommenden Jahrzehnten sollen nun die Mischwälder, Moore, felsigen Blockhalden und Bergwiesen, die den Harz einst prägten, wieder zurückkehren. Dieser Waldumbau wird wohl nicht ohne den Eingriff des Menschen gelingen – Wildnis wird also künstlich geschaffen, ein Widerspruch, mit dem die Nationalparkverwaltung leben muss. In den letzten Jahren kam der **Borkenkäfer** den Umweltschützern zu Hilfe: Er frisst sich mit Vorliebe durch die Fichtenwälder des Nationalparks – und aus den vermodernden Baumkadavern wächst nun junger Mischwald empor.

Reich ist der Nationalpark an schützenswerten Tieren, darunter Muffelwild, Uhu, Auerhuhn, Wildkatze oder Schwarzstorch. Star dieser Fauna ist ohne Zweifel der **Luchs**, der sich seit einigen Jahren wieder heimisch fühlt im Harz. Doch blicken lässt sich der scheue Geselle nur im Tiergehege an den Rabenklippen (s. S. 35).

Die **Nationalparkhäuser** in Schierke, Drei Annen Hohne, Ilsenburg, Torfhaus und auf dem Brocken machen in lebendigen Ausstellungen und auf geführten Wanderungen mit Flora und Fauna vertraut.

Nationalparkverwaltung Harz, Lindenallee 35, 38855 Wernigerode, Tel. 039 43/55 02-0, Fax 039 43/55 02 37, www.nationalpark-harz.de

Praktische Hinweise

Information

Kurverwaltung Braunlage, Elbingeröder Str. 17, 38700 Braunlage, Tel. 055 20/930 70, Fax 055 20/93 07 20, www.braunlage.org

Hotels

TOP TIPP ****Hotel-Residenz Hohenzollern**, Dr. Barner Str. 10, Braunlage, Tel. 055 20/932 10, Fax 055 20/ 93 21 93, www.residenz-hohenzollern.de. Großzügige Apartments und Suiten, gepflegter Bade- und Wellnessbereich, dazu das Gourmetrestaurant Victoria-Luise am Berghang über den Dächern der Stadt.

Landhaus Ferienwohnungen, Im Wiesengrund 28/Am Schultal 3, Tel. 055 20/24 05, Fax 055 20/92 37 19, www.landhaus-ferienwohnungen.de. Bestens ausgestattete Apartments für 2 bis 8 Personen, Garten, Wellnessbereich mit mediterranem Ambiente.

*Hotel Rosenhof**, Herzog-Johann-Albrecht-Str. 41, Braunlage, Tel. 055 20/ 932 90, Fax 055 20/93 29 93, www.rosenhof-braunlage.de. Helle und freundliche Herberge mit gut eingerichteten Zimmern, nette Atmosphäre, in der sich Aktivurlauber wohl fühlen.

Restaurants

Café und Teestube am Glockenspiel, Elbingeröder Str. 9, Braunlage, Tel. 055 20/99 99 55. Waffeln, Windbeutel und hausgemachte Kuchen.

TOP TIPP **Zur Tanne**, Herzog-Wilhelm Str. 8, Braunlage, Tel. 055 20/931 20, www.tanne-braunlage.de. Anspruchsvolle Regionalküche mit Wild und Fisch. Mittags gibt es Hausmannskost und Pasta in *Brunos Marktwirtschaft*. Gemütliche Zimmer im Harzer Traditionshotel.

25 Sankt Andreasberg

Alte Silberstadt mit einzigartigem Schaubergwerk und Wintersportangebot für Familien

Ausgesprochen idyllisch liegt die Bergbaustadt Sankt Andreasberg (3300 Einw.) inmitten der Wiesen und Wäldern des Nationalparks Harz. Auch wenn Silbervorkommen in den umliegenden Bergen schon seit dem 13. Jh. bekannt waren, beginnt die Geschichte von Sankt Andreasberg erst um 1528, als die Siedlung auf Geheiß des Landesherren für die Bergleute der nahen Gruben gegründet wurde. Das ›Straßennetz‹ unter Tage mit Gängen und Stollen auf diversen Sohlen

Schmucke Bergarbeiterhäuser zieren den Ortskern von Sankt Andreasberg

wuchs in den folgenden Jahrhunderten auf über 120 km Länge. Nachdem die Erzförderung im frühen 19. Jh. ihren Höhepunkt erreicht hatte, waren die Vorräte jedoch 1912 endgültig erschöpft, alle Gruben wurden geschlossen.

TOP TIPP Der großen Zeit des Bergbaus kann man im Besucherbergwerk **Grube Samson** (tgl. 8.30–16 Uhr, Führungen tgl. 11 und 14.30 Uhr), wo seit 1512 Silber gewonnen wurde, nachspüren. Prunkstück ist die einzige noch betriebsfähige ›Fahrkunst‹. Vor deren Inbetriebnahme mussten die Bergleute über 3000 Stufen auf Leitern und Stiegen bis zu eineinhalb Stunden hinabklettern, um die tiefste Sohle bei 810 m zu erreichen. Der Aufstieg nach Schichtende dauerte noch eine Stunde länger. Mithilfe der Fahrkunst, eines paternosterähnlichen Gestänges, auf dem die Bergleute bis zu 500 Mal umsteigen mussten und zu dessen Beherrschung einige Geschicklichkeit gehörte, verkürzte sich der Weg an die Erdoberfläche auf rund 45 Minuten.

Derartige Aufzüge, aber auch Pumpen wurden seit dem 16. Jh. mit Wasserkraft betrieben. Dazu entwickelten die Berggesellschaften zwischen 1534 und 1864 das **Oberharzer Wasserregal**, ein 600 km langes System aus Wassergräben, Teichen und unterirdischen Kanälen. Es leitete Wasser über Stollen auf große Kunst- und Kehrräder, die wiederum mit dem Antriebsmechanismus der unterirdischen Transportmittel verbunden waren. Der 1721 fertig gestellte **Oderteich** wenig nördlich von Sankt Andreasberg, der erste Stausee des Harzes, sollte auch im Sommer die Versorgung der Gruben mit Wasserkraft sicherstellen. Auf einem Spaziergang über den Rehberger Graben ist er gut zu erreichen. Noch heute stammt die Hälfte des in Sankt Andreasberg verbrauchten Stroms aus Wasserkraftanlagen in der Grube Samson.

Neben der Grube Samon hält das **Harzer Roller Kanarien Museum** (Am Samson 2, Mo–Sa 9–16, So 10.30–15.30 Uhr) den Kanarienvogel in Ehren, den Tiroler Bergleute vor knapp 300 Jahren aus ihrer Heimat mitbrachten. Die singfreudigen Männchen begleiteten früher in Käfigen die Kumpel unter Tage. Sobald der Anteil von Kohlenmonoxid in der Atemluft zunahm, verstummten die sensiblen Vögel und die Bergleute wussten, dass sie die Grube schnellstens verlassen mussten.

Im Gebäude der früheren Erzwäsche der Grube Samson präsentiert das **Nationalparkhaus** (Erzwäsche 1, April–Okt. tgl. 9–17, sonst 10–17 Uhr) eine Erlebnisausstellung zu den Themen Wildnis, Wald, Tier- und Pflanzenwelt.

Durch den Kurpark erreicht man die **Bergsport Arena** (Tel. 055 82/81 54, www.bergsport-arena.de), einen Hochseilgarten mit Kletterturm und Hindernissen auf 300 m Länge. Mutige können hier gut gesichert an Stricken und Netzen hoch über der Erde ihre Ausdauer und Geschicklichkeit erproben.

Die **Skigebiete** am Matthias-Schmidt-Berg und dem Sonnenberg, die Abfahr-

Faszination Bergbau: Mit dem wasserbetriebenen Kehrrad (rechts) wurden einst die Erztonnen aus dem 810 m tiefen Schacht der Grube Samson emporgeholt

Schon am Ortseingang von Altenau wird klar: Hier ist gegen alles ein Kraut gewachsen

ten der Jordanshöhe und zahlreiche Loipen machen Sankt Andreasberg zu einem beliebten Wintersportort. Wenn kein Schnee liegt, lädt der Matthias Schmidt Berg mit einer 550 m langen Strecke zum Sommerrodeln ein.

i Praktische Hinweise

Information

Tourist-Information, Am Kurpark 9, 37444 Sankt Andreasberg, Tel. 055 82/803 36, Fax 055 82/803 39, www.sankt-andreasberg.de.

Hotel

*__Hotel Sonnenberg__, Sonnenberg 8, St. Andreasberg, Tel. 055 82/771, Fax 055 82/81 13, hotel-sonnenberg-harz.de. Ruhig am Waldrand gelegenes Hotel, gut geeignet für (Rad)-Wanderer.

Restaurants

Rehberger Grabenhaus, 900 m vom Parkplatz Dreibrodesteine bei Sankt Andreasberg, Tel. 055 82/789. Gepflegte Waldgaststätte im Nationalpark (Di–So 9–18, im Winter bis 17 Uhr, Wildfütterung Mitte Dez.–März Mi/Fr/Sa 17–19 Uhr).

Waldgaststätte Rinderstall, im Wandergebiet (Weg 1 und 2) zwischen Braunlage und St. Andreasberg im Nationalpark, Tel./Fax 055 82/740. Einfache Wandererkost, Wildgerichte und Kuchen (Do–Di 9.30–18.30 Uhr, im Winter bis 17 Uhr).

26 Altenau

Der Luftkurort und Wintersportplatz liegt in 500 m Höhe, nicht weit von den Teichen des Oberharzer Wasserregals.

Es sind vor allem die vielen Wanderwege in der Umgebung des 3000 Einwohner zählenden Ortes an der Mündung der Altenau in die Oker, die Altenau zu einem so beliebten Urlaubsziel machen. Wie Sankt Andreasberg verdankt der Ort seine Entstehung dem Bergbau.

Heute hat man sich auf den Tourismus verlegt, dem auch das gut erhaltene Stadtbild mit seinen alten Bergmannshäusern zuträglich ist. Wie viele andere Häuser auch ist die Kirche **St. Nikolai** von 1670 mit Holz verkleidet. Ihren Glockenturm krönt eine barocke Haube. In der dreischiffigen Halle mit umlaufenden Emporen fällt der mit Figuren verzierte Kanzelaltar von 1719 ins Auge.

Viele Spazierwege führen durch den größten **Kräuterpark** (Schultal 11, Tel. 050 28/91 16 84, www.kraueterpark-altenau.de, tgl. 10–18 Uhr) Deutschlands mit heimischen und exotischen Küchen- und Heilkräutern. Eine Galerie präsentiert mehr als 350 Gewürzmischungen, die auch verkauft werden. Zu den Freizeiteinrichtungen in Altenau gehört ab Ende 2007 auch die Therme **Heißer Brocken** (Auf dem Glockenberg). An der Therme beginnen die Wege des **Nordic Walking Zentrums** von Altenau, über die Touristeninformation kann man Kurse in der Trendsportart buchen.

Ein bequemer und etwa 8 km langer Rundweg zu den Polstertaler-, dem Jäkersbleeker- und den Fortuner Teichen nimmt dort ebenfalls seinen Anfang. Die künstlich angelegten Gewässer gehören zum *Oberharzer Wasserregal* (s. S. 94).

Wanderungen

Rund 8 km östlich von Altenau, bei Torfhaus, verlief früher die Grenze zur DDR. Mehrere Lifte, eine Rodelbahn und viel Schnee bescheren der 812 m hohen Bergstation im Winter zahlreiche Skiurlauber.

Auch der **Goetheweg** (17 km hin und zurück) zum Brocken beginnt hier. Er führt zunächst durch dichte Fichtenwälder, doch mit steigender Höhe wandelt sich die Vegetation, die Fichten scheinen zu verkümmern und man passiert auf Plankenwegen einige der letzten Hochmoore des Harzes.

Okertalsperre

Nördlich von Altenau erreicht man über die B 498 entlang der Oker den Okertalsee. Der 1956 fertig gestellte Stausee reguliert das Wasser der Oker und wird zur Energieerzeugung genutzt. Im Sommer blinken vielfarbige Segel von Freizeitkapitänen über die Wasseroberfläche. Wer sich lieber fahren lässt, kann bei der Hauptstaumauer die MS Aquamarin (Tel.

Am wilden Fluss

Die Oker ist ein Dorado für Wildwasserfahrer. Ganz harmlos entspringt sie in 900 m Höhe am Bruchberg mitten im Harz als Große Oker. Ein Damm bei Altenau verbreitert das Flüsschen zum Okerstausee. **Wasserwandern** mit Kanu oder Kajak ist hier kein Problem und dank der vielgestaltigen Ufer eine sehr kurzweilige Angelegenheit.

Doch unterhalb der Staumauer, wenn die die Schleusen zwischen Freitag und Samstagvormittag geöffnet werden, schäumt das Wasser mit 6 m^3/Sek. über die Felsbuckel zu Tal. Der eigentlich durch den Damm gezähmte Wildbach ist dort sehr eng, hat mehr Gefälle, kurvt um große Steine und Felsen. Walzen und Wellen zwingen die Kanuten zu exakter Fahrt durch die Hindernisse.

Nur Profis sollten sich auf diese Strecke wagen, denn wer die Schikanen Saure Helene, die Kakaowalze oder den Hexenritt bewältigen will, muss sein Boot perfekt beherrschen. Eine echte Herausforderung für Kajakfahrer, die aus ganz Deutschland auch zu nationalen Wettbewerben, zum Freestyle und zum Oker-Rodeo anreisen. Ein Fußweg, der entlang des Wildwasserabschnitts führt, ermöglicht immer wieder faszinierende Ausblicke auf das Training der Aktiven. Infos:

Kajak-Hotline der Harzwasserwerke, Tel. 053 26/90 83 00

Landes-Kanu-Verband Niedersachsen, Stockhardtweg 3, 30453 Hannover, Tel. 05 11/210 11 99, www.lkv-nds.de. Kurse für sehr gute Kajakfahrer.

Harz Agentur, Bergstr. 31, Dietzelhaus, Clausthal-Zellerfeld, Tel. 053 23/ 98 24 60, www.harzagentur.de. Verleiht Kanus für die gemächliche Fahrt auf dem Okerstausee, bietet auch Kajak-Grundkurse an.

Im glasklaren Wasser des Okerstausees spiegelt sich der bis ans Ufer reichende Wald

053 29/811, www.okersee-schiffahrt.de) der Okersee Schifffahrt besteigen und eine Rundfahrt über den verzweigten See genießen. Der nahe der Hauptstaumauer gelegene *Romkerhaller Wasserfall* ist ein guter Ausgangspunkt für ausgedehnte Wanderungen. So erreicht man von hier die viel besuchten **Kästeklippen**, deren zerklüftete Steilwände auch Klettersportler schätzen. Die verwitterten Granitfelsen heißen *Hexenküche*, *Feigenbaum*, *Mausefalle* oder *Der Alte vom Berg*. Wer oben angekommen ist, genießt einen herrlichen Blick ins bewaldete Okertal.

Im **Ski- und Bikezentrum Alpinum** (Schulenberg, www.racepark.de, Tel. 053 29/282, Nov.–Mitte Dez. geschl.) nördlich von Altenau warten vier Abfahrtspisten und zwei Lifte im Winter sowie ein Racepark für Mountainbiker an Wochenenden im Sommer auf sportliche Gäste.

Praktische Hinweise

Information

Tourist-Information, Hüttenstr. 9, 38707 Altenau, Tel. 053 28/80 20, Fax 053 28/802 38, www.harztourismus.com – **Tourist Information**, Wiesenbergstr. 19, 38707 Schulenberg, Tel. 053 28/848.

Camping

Camping Okertalsperre, Kornhardtweg 2, Altenau, Tel. 053 28/702, www.camping-okertal.de. Lang gestrecktes Gelände mit Fichtenhecken und Laubbäumen am südlichen Ufer des Stausees.

Hotels

*__Landhaus am Kunstberg__, Bergmannsstieg 5, Altenau, Tel. 053 28/255, Fax 053 28/256, www.landhaus-am-kunstberg.de. Familiäre Pension mit ordentlichen Zimmern und kleinem Pool nicht weit vom Okerstausee.

Restaurants

Windbeutelkönig, über der Okertalsperre, an der B 498 kurz nach Altenau, Tel. 053 28/ 1713. Spezialität sind 20 Versionen des luftigen Gebäcks mit Sahne und verschiedenen Füllungen von süß bis herzhaft (tgl. 10–18.30 Uhr).

Zur Kleinen Oker, Kleine Oker 34, Altenau, Tel./Fax 053 28/584, Harzer Speisegaststätte südöstl. von Altenau mit Kaminzimmer und Sommerterrasse, Grünkohlspezialitäten zu allen Jahreszeiten.

Leicht wie der Wind und köstlich gefüllt: die Kreationen des Windbeutelkönigs

Welsche Hauben zieren Glockenturm und Dachreiter der barocken Clausthaler Holzkirche

27 Clausthal-Zellerfeld

Historisches Silberbergbauzentrum mit der einzigen Universität des Harzes.

Dichte Fichtenwälder umgeben Clausthal-Zellerfeld, die mit 15 000 Einwohnern einzige größere Stadt des Oberharzes, nur in Richtung Sankt Andreasbergs prägen unbewaldete Hochebenen die Landschaft. Die vielen Teiche um den Ort laden in den Sommermonaten zu einem kühlen Bad, im Winter zum Schlittschuhlaufen. Ungefähr 3000 Stundenten der Technischen Universität sorgen zudem dafür, dass sich hier eine recht abwechslungsreiche Kneipenlandschaft etablieren konnte.

Geschichte Das Benediktinerkloster Cella von 1150 und eine Mitte des 16. Jh. errichtete Wegklause bildeten den Kern der heutigen Doppelstadt Clausthal-Zellerfeld. Silberfunde beflügelten die Erzindustrie, die schon Mitte des 12. Jh. mit der Aufbereitung Goslarer Erze begonnen hatte. Doch Pest, Brände und Verwüstungen während des Dreißigjährigen Krieges sorgten bei der Entwicklung der Orte immer wieder für Rückschläge. 1775 wurde in Clausthal die Bergakademie, die heutige TU, für angehende Zimmerleute und Bergwerker gegründet. Dass Clausthal-Zellerfeld eigentlich aus zwei Orten besteht, die erst 1924 vereinigt wurden, ist an der Struktur der Stadt noch deutlich zu erkennen. So verlaufen die Straßen von Zellerfeld seit dem Wiederaufbau nach einem Brand im Jahr 1672 auf einem schachbrettartigen Muster, während sich in Clausthal das mittelalterliche Erscheinungsbild erhalten hat.

Besichtigung Den Rundgang durch den Ortsteil Zellerfeld kann man an der Kirche **St. Salvatoris** 1 (Bornhardtstr. 4, So 15–17 Uhr) beginnen, die zunächst 1684 als einschiffiger Steinbau errichtet und 1863 zu einer dreischiffigen neogotischen Hallenkirche erweitert wurde. Bekannteste Sehenswürdigkeiten im Inneren sind der von Arp Schnitger geschnitzte Orgelprospekt von 1702 und der 1992 entstandene Flügelaltar des Leipziger Künstlers Werner Tübke (1929–2004), der auch das Panoramabild zum Bauernkrieg (s. S. 81) bei Bad Frankenhausen geschaffen hat.

Bei geöffnetem Altar ist eine Kreuzigungsszene zu sehen, die sich an Tübkes großen Vorbildern Lucas Cranach und Albrecht Dürer orientiert, in ihrer Farbigkeit aber sehr modern wirkt. Während der Passions- und Adventszeit ist der Altar geschlossen, dann blickt die Gemeinde auf das Paradies nach der Vertreibung Adam und Evas: Die Tierwelt scheint bereits vom Bösen infiziert, doch im Zentrum des Werks breitet der Kranich, ein Symbol Christi, seine Flügel aus.

›Fratzenhaus‹ nennt man das 1674 errichtete Gebäude der **Bergapotheke** 2 einige Meter weiter wegen der vielen fratzenartig verzierten Balkenköpfe. Hier werden noch immer Salben und Tabletten verkauft.

TOP TIPP Eine lange Tradition hat auch das 1892 gegründete **Oberharzer Bergwerksmuseum** 3 (Bornhardtstr. 16, tgl. 9–17 Uhr). Es präsentiert Oberharzer Mineralien, Bergwerksausrüstung, Gebrauchsgegenstände und alte Münzen. Eine ärmliche Bergmannsstube und der Salon eines Magistratsbeam-

Werner Tübkes Altar in St. Salvatoris zeugt von großer Verehrung für Dürer und Cranach

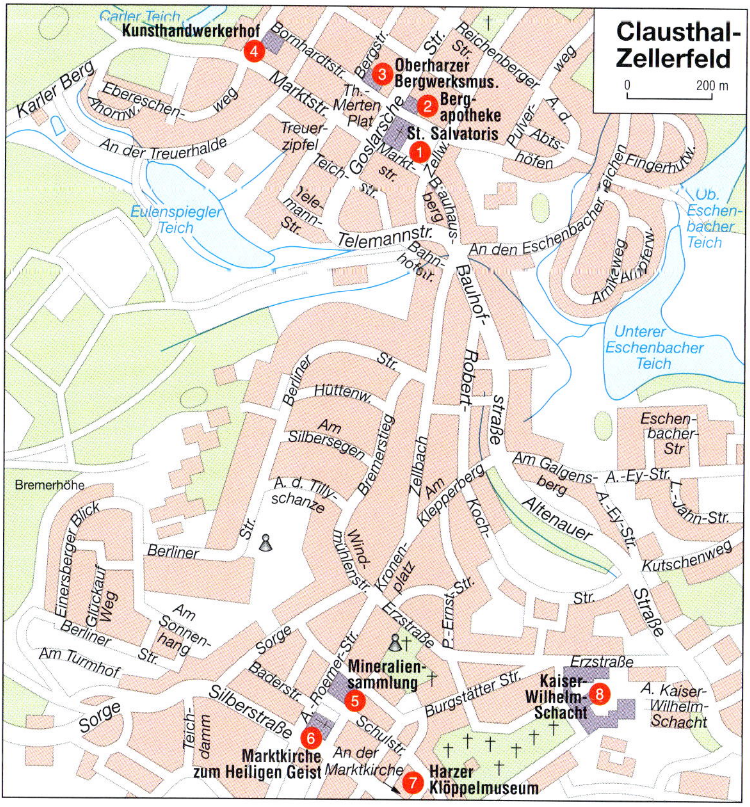

Zarte Glaskreationen fertigen die Glasbläser im Kunsthandwerkerhof von Zellerfeld

ten aus der Mitte des 19. Jh. zeigen die ganze Bandbreite an Harzer Lebensformen. Erzgewinnung und -aufbereitung, die Förderung mit Hilfe der Zugkraft von Pferden, eine Bergschmiede, Pumpenanlagen und Pochwerk gehören zu den vielen dargestellten bergbaulichen Anlagen, unter denen sich auch eine meisterhaft gefertigte Silberwaage von 1744 befindet. Ein Reliefmodell von 1893 demonstriert das System der Oberharzer Wasserwirtschaft mit 70 Teichen und künstlichen Wasserwegen. Im Rahmen einer Führung können Besucher außerdem in ein nahegelegenes Schaubergwerk mit einem 250 m langen Stollen einfahren.

In der zum **Kunsthandwerkerhof** 4 (Bornhardtstr./Ecke Schützenstr., Mi–Mo 11.30–18 Uhr) mit angeschlossenem Café Sti(e)lbruch umgebauten früheren Münzprägestätte können Besucher Glasbläsern über die Schulter schauen. Auch in einem Holzatelier, einer Seidenmalerei und einem Goldschmiedeatelier wird fleißig gewerkelt, die fertigen Produkte sind zu kaufen. Von Mai bis Oktober ist die Bornhardtstraße an jedem Donnerstag (18–22 Uhr) Schauplatz des **Bergbauernmarktes**. Obst und Gemüse, köstliche Harzer Wurstwaren und andere regionale Produkte sind im Angebot.

Nun geht es hinüber in den Ortsteil Clausthal. Hier wartet die traditionsreiche, bereits seit 1775 bestehende **Mineraliensammlung** 5 (Adolph-Roemer-Str. 2 a, Tel. 053 23/72 27 73, Di–Fr 9.30–12.30 u. 14–17, Sa 14–17, So 10–13 Uhr) des Instituts für Geologie und Paläontologie der Technischen Universität Clausthal auf Besucher. Inzwischen sind über 120 000 Mineralien und Fossilien zu bestaunen.

Die 1637–42 aus Holz errichtete **Marktkirche zum Heiligen Geist** 6 (Hindenburgplatz) bietet unter ihrem dreischiffigen, tonnenförmigen Gewölbe Sitzplätze für 2200 Besucher. Sie ist damit die größte Holzkirche Europas und ist bei den Clausthalern auch als Sankt Holz bekannt. Umfangreiche und kostspielige Sanierungsmaßnahmen dauern seit 2004 an. Kanzel, Altar und Taufgruppe stammen von Andreas Gröber, einem der wichtigsten Holzschnitzer des Frühbarocks, der auch in Goslar und Osterode Altäre schuf. Der Hochaltar stellt die Erlösungstat Jesu dar, beginnend mit der Schöpfung über Kreuzigung und Auferstehung bis zum Jüngsten Gericht.

Ganz in ihrem Element sind die Huskies bei den Clausthal-Zellerfelder Hundeschlittenrennen

Bunte Blumenwiesen rahmen den Stadtweger Teich bei Clausthal-Zellerfeld

Das **Harzer Klöppelmuseum** 7 (Haus des Gastes, Fuhrherrenstraße 5, Ortsteil Buntenbock, tgl. 10–17 Uhr) widmet sich den Klöpplerinnen. Sie kümmerten sich um die Familie und den zusätzlichen Erwerb, während ihre Männer im Bergwerk arbeiteten. Zuwandernde Bergmannsfamilien aus dem Erzgebirge brachten einst die Klöppeltradition mit in den Harz. Bilder, Handwerkszeug, Decken und Kleidungsstücke geben einen lebendigen Eindruck von der zur Spitzenproduktion nötigen Kunstfertigkeit. Auch an die Kiepenfrauen wird erinnert, die von Ort zu Ort wanderten und die schwer erreichbaren Dörfer des Oberharzes mit dem Lebensnotwendigen versorgten.

Umgeben ist Clausthal-Zellerfeld von einer Vielzahl künstlich geschaffener Gewässer und Kanäle. Sie gehören zum Oberharzer Wasserregal, das ein System von 120 Teichen und 600 km künstlicher Wasserläufe, ein Viertel davon unter Tage, umfasst. Eine Ausstellung auf dem Gelände des ehemaligen **Kaiser-Wilhelm-Schachtes** 8 (Erzstr. 24, April–Okt. Mi/Sa 15–17 Uhr) gibt einen guten Überblick über dieses technische Meisterwerk.

Eine eher sportliche Tradition wurde 1981 in Clausthal-Zellerfeld begründet. Seitdem finden am ersten Februarwochenende **Schlittenhunderennen** durch die Wälder der Umgebung statt. Mittlerweile ist dieser Wettkampf mit mehr als 10 000 Besuchern die beliebteste Veranstaltung ihrer Art in Deutschlands.

i Praktische Hinweise

Information

Tourist-Information, Bergstr. 31, 38678 Clausthal- Zellerfeld, Tel. 053 23/810 24, Fax 053 23/839 62, www.harztourismus.com

Camping

Campingplatz Prahljust, An den langen Brüchen 4, Clausthal Zellerfeld, Tel. 053 23/13 00, www.prahljust.de. Terrassenwiese mit Laub- und Nadelbäumen am Pixhaier Teich, Sandstrand und Liegewiese, 2 km vom Ort entfernt

Hotels

****Hotel Goldene Krone**, Kronenplatz 3, Clausthal-Zellerfeld, Tel. 053 23/93 00, Fax 053 23/93 01 00, www.goldenekrone.harz.de. Mountainbiker und Motorradfahrer schätzen das Haus, da die Betreiber ihre Gäste stets mit guten Tipps versorgen.

***Waldhotel Untermühle**, Untermühle 1, Clausthal-Zellerfeld, Tel. 053 23/98 30 98, Fax 053 23/98 30 97, www.untermuehle.harz.de. Romantische Herberge in ehemaliger Kornmühle zwischen Wald und Wiesen. Mit Sauna, Restaurant und Biergarten.

Restaurants

Polsterberger Hubhaus, an der B 242 Richtung Braunlage, 4 km östl. von Clausthal-Zellerfeld, Tel. 053 23/55 81. Gemütliche Waldgaststätte mit frischer, regionaler Küche (Juni–Sept. tgl. 11–19, sonst Mi–So 11–19 Uhr).

Erbaut im Stil norwegischer Stabkirchen, benannt nach einem schwedischen König: Die Gustav Adolf Kirche von Hahnenklee steht ganz im Zeichen Skandinaviens

28 Hahnenklee

Einzige Stabkirche Deutschlands und ein Kessel Buntes deutscher Unterhaltungsmusik

In der Bergmannssiedlung, die um 1550 zu Füßen des Bocksberges entstand, wird schon seit mehr als 70 Jahren kein Erz mehr abgebaut. Heute kommen Urlauber im Sommer und im Winter nach Hahnenklee, um zu Wandern, Ski zu fahren oder einfach nur, um die beschauliche Landschaft mit Seen und Wäldern sowie das gesunde Klima zu genießen.

TOP TIPP Hauptattraktion des Harzortes ist die **Gustav Adolf Kirche** (Mai–Okt. Mo–Sa 10.30–17, So 11–17, Nov.–April Mo–Sa 11–12.30 und 14–16 Uhr, So 11–16 Uhr), die 1907–08 erbaute, einzige Stabkirche Deutschlands. Sie ist nach Gustav II. Adolf, dem schwedischen König und protestantischen Feldherrn des Dreißigjährigen Krieges benannt. Nachdem um die Wende zum 20. Jh. das alte Gebetshaus zu eng geworden war, entstand die Idee, allgemeiner Begeisterung für das Nordische und seine Kultur folgend, hier eine ganz aus Holz gebaute norwegische Stabkirche zu errichten. Im Inneren kann man mit etwas Fantasie nautische Elemente ausmachen, vom Kirchenschiff über die wie Bullaugen erscheinenden runden Kirchenfenster bis zu dem an ein Steuerrad erinnernden Kronleuchter.

Pilgerziel für Schlagerfreunde ist der • Waldfriedhof von Hahnenklee, wo seit 1946 der Berliner Schlager- (Berliner Luft) und Operettenkomponist (Der Liebestraum) Paul Linke begraben ist. Nach

Kriegsende hatte es ihn in den Harz verschlagen. Der Paul Linke-Ring wird alle zwei (ungeraden) Jahre an einen deutschsprachigen Unterhaltungsmusiker verliehen, zu den bisherigen Preisträgern zählen Udo Jürgens 1981, Udo Lindenberg 2003 und Max Raabe im Jahr 2005. Gefeiert wird die Verleihung in der Regel mit einem Konzert im nahen Goslar.

Wanderung

Die **Bocksberg-Seilbahn** verkehrt im Sommer (9.45–17.30 Uhr) und im Winter (9.15–17 Uhr) zum Aussichtsturm mit Brockenblick und zu den Skipisten. Natürlich lassen sich die 200 Höhenmeter auch auf einem netten, 6 km langen Rundwanderweg bewältigen, der selbst Ungeübte vor keine großen Herausforderungen stellt. Von der Gustav Adolf Kirche geht es zunächst auf dem Liebesbankweg nach Osten. Die Gondelbahn ist bald unterquert. Kurz hinter einer Schutzhütte führt eine gepflasterte Stichstraße zum 726 m hohen Gipfel des Bocksberg. Zurück auf der Wanderstrecke geht es zum Berggasthof Auerhahn und von dort weiter über den Auerhahnteich und die Grumbacher Teiche. Beim vierten Teich führt der hier mit einem blauen X markierte Wanderweg nach Norden zurück zur Stabkirche von Hahnenklee.

Praktische Hinweise

Information

Tourismusinformation Hahnenklee, Kurhausweg 7, 38644 Goslar-Hahnenklee, Tel. 053 25/510 40, Fax 053 25/51 04 17, www.hahnenklee.de

Camping

Am Kreuzeck, Kreuzeck 5, Goslar-Hahnenklee, Tel. 053 25/25 70, Fax 053 25/33 92, www.camping-kreuzeck.de. Mitten im lichten Hochwald an einem See gelegen, 3 km von Hahnenklee.

Hotels

******Hotels am Kranichsee**, Parkstr. 4, Hahnenklee, Tel. 053 25/70 30, Fax 053 25/70 31 00, www.kranichsee.de. Gepflegte Gastlichkeit mit Seelage in den verbundenen Hotels Diana, Seerose und Jagdhof, Schwimmbad, Saunen und interessante Kurzurlaubsarrangements.

******Hotel Walpurgishof**, Am Bocksberg 1, Hahnenklee, Tel. 053 25/588 80, Fax 053 25/588 81 00, www.walpurgishof.com. Komfortables Hotel nahe der Bocksbergseilbahn, rustikale Walpurgisschänke und solide Küche im Restaurant Walpurgishof.

****Haus am Hochwald**, Langeliethstr. 14 c, Hahnenklee, Tel. 053 25/516 20, Fax 053 25/51 62 24, www.hahnenklee.de/hochwald. Nicht nur wegen der modernen Einrichtung, sondern auch wegen der ruhigen Lage bei Wanderern beliebt.

Restaurants

Zum Auerhahn, Auerhahn 2, Hahnenklee, Tel. 053 25/23 69. Gutbürgerlicher Mittagstisch, Kaffeetafel und Harzer Abendgerichte im ehemaligen herzoglichen Jagdhaus (Mi–So ab Mittags).

Den Innenraum der Gustav Adolf Kirche zieren reiche Schnitzarbeiten

29 Wildemann

Harzer Sagengestalt im ›Klein-Tirol‹ des Mittelgebirges

Der in eine Talkehre des Flüsschens Innerste gebettete, von vielen Fachwerkhäusern geprägte Ort wird wegen seiner schönen Lage an den Hängen des Tals der Innerste und dem hier heimischen Harzer Rotvieh auch ›Klein Tirol‹ genannt. Wie in den Alpen feiern die Menschen den Viehaustrieb zu Pfingsten und die Rückkehr der rotbraunen Rinder in den Bergbauernhof im Herbst mit Volksfesten. In der Umgebung warten zahllose Wanderwege auf Erkundung.

Geschichte Zur Geschichte von Wildemann gibt es zwei sehr unterschiedliche Versionen. Die wissenschaftlich fundierte berichtet, dass in der Region schon im 13. Jh. in kleinen Stollen Bergbau betrieben wurde. Nach der Pest 1357 brach diese Tradition jedoch ab. Im 16. Jh. nahmen eingewanderte Bergleute aus dem Erzgebirge den inzwischen eingestellten Abbau der Erzadern wieder auf und begründeten die erste dauerhafte Siedlung. Benannt wurde der Ort nach einer Grube in der Heimat der Bergleute. Nach Höhen und Tiefen wurde der Bergbau 1928 endgültig beendet. Der **Kurbetrieb** nach Sebastian Kneipp brachte 1967 die Auszeichnung als staatlich anerkannter Kurort.

Aufregender ist da schon die **mythische Variante**. Ihr zufolge stießen die ersten Siedler auf gewaltige Fußabdrücke im Waldboden. Als die Männer ihnen folgten, stand ihnen plötzlich ein riesenhafter Mann gegenüber. Sofort ging der Riese mit einer aus der Erde gerissenen Tanne als Waffe auf sie los. Nach langem Kampf traf einer der Siedler den Riesen mit einem Pfeil am Fuß, und er ließ sich gefangen nehmen. Auf dem Weg zum Herzog nach Braunschweig starb der ge-

heimnisvolle Fremde jedoch. Am gleichen Tag entdeckte man die Wohnhöhle des Riesen und in ihr eine Erzader. Den Ort nannte man dieser Sage nach fortan Wildemann.

Besichtigung Die *Maria-Magdalenen-Bergkirche* im Zentrum des Ortes stammt von 1915 und wurde als Nachfolgerin eines bis auf die Grundmauern abgebrannten Gotteshauses aus dem 17. Jh. errichtet. Ihr Tonnengewölbe ist reich verziert.

Im **Besucherbergwerk 19-Lachter-Stollen** (Mai-Okt. Führungen 11, 14, 15.30, Nov.–Febr. 11, März/April 11, 14 Uhr) herrscht ganzjährig eine Temperatur von 10 °C. Ursprünglich wurde es als Wasserlösungsstollen genutzt und diente dazu, Wasser aus höher gelegenen Gruben abzuleiten und so deren Betrieb erst zu ermöglichen. Es entstand ab Mitte des 16. Jh. unter äußerst schwierigen Bedingungen, über die bei einer Führung unter Tage eindrucksvoll berichtet wird. Erst 1690 hatten die Bergleute nach mühseliger Arbeit seine Länge von 8,8 km erreicht.

Lautenthal

Radfahrer können dem Flussbett der Innerste auf einem ausgebauten Radweg 20 kurvige Kilometer von Wildemann bis ins nördliche Langelsheim folgen. Auf halber Strecke lohnt ein Zwischenstopp in Lautenthal.

Das dortige *Bergbaumuseum Lautenthals Glück* (Wildemanner Str. 14, www.lautenthals-glueck.de, Febr.-Okt. tgl. 10–17, Nov.–Jan. Di–So 10–15 Uhr, letzte Einfahrt ca. 1 Stunde vor Schließung) in einer einstigen Silbermine verfügt über einen

Oben: *Der Harzer Bergwald scheint direkt nach Wildemann hineinzuwachsen*
Unten: *Auszug aus Wildemann: An Pfingsten verlässt das Harzer Rotvieh seine Ställe*

bis heute funktionsfähigen Grubenzug. Mit der – nachgebauten – Erzkahn-Schifffahrt können Besucher eine kurze Bootsfahrt unter Tage machen. Ursprünglich transportierte man das abgebaute Gestein auf einem solchen 4 km langen, von Grundwasser gespeisten Kanal aus dem Bergwerk heraus. Sehenswert ist auch die St. Barbara-Kapelle in 266 m Tiefe.

Mit über 200 digital gesteuerten Eisenbahnzügen, die in allen gängigen Spurweiten durch sechs unterschiedliche Landschaften rattern, ist die 1000 m² große Anlage des **Harzer Modellbahnzentrums** (Wildemanner Str. 9, tgl. 10–18 Uhr) besonders bei jüngeren Besuchern beliebt.

i Praktische Hinweise

Information

Tourist-Information, Bohlweg 5, 38709 Wildemann, Tel. 053 23/61 11, Fax 053 23/61 12, www.harztourismus.com

Hotel

***Landhaus Ursula**, Seesener Str. 28, Wildemann, Tel. 053 23/61 33, Fax 053 23/61 94. Familienbetrieb in schöner Hanglage mit weitem Talblick, 300 m vom Ortszentrum.

Restaurant

Spiegeltaler Zechenhaus, zwischen Hahnenklee und Wildemann, Tel. 053 23/967 83. Deftige Hausmannskost in uriger Waldwirtschaft.

30 Bad Grund

Moorheilbad und Stadt der 1700 Uhren

Wie in den meisten anderen Harzer Ortschaften haben sich um den Marktplatz von Bad Grund (2500 Einw.) viele Fachwerkhäuser erhalten. Hier befindet sich auch die schieferverkleidete Holzkirche **St. Antonius** auf ihrem hohen Steinsockel. Im Inneren ist das 1640 begonnene Gotteshaus klassizistisch ausgestaltet.

Nur wenige Meter sind es von dort zum **Kurzentrum mit Sole-Hallenbad** (Mo 13–21, Di–Fr 10–21, Sa 13–17, So 9–13 Uhr). Doch nicht nur das Wasser, auch die Erde von Bad Grund verspricht Heilung: Bereits vor 500 Jahren kurierte Elisabeth von Braunschweig-Wolfenbüttel ihre Wehwehchen mit Schlacken aus dem Tal. Rund 10 000 Besucher im Jahr erhoffen sich heute vom traditionellen Moorheilbad oder von Solebädern Linderung ihrer Beschwerden.

Folgt man vom Marktplatz der Clausthaler Straße ortsauswärts, so ist **TOP TIPP** bald das **Uhrenmuseum** (Elisabethstr. 14, www.uhrenmuseum-badgrund.de, Di–Do 10–18 Uhr) erreicht. Kaminuhren, Armbanduhren, Turmuhren – insgesamt 1700 an der Zahl – zeigen auf zwei Stockwerken 600 Jahre Uhrmacherkunst. Viele dieser Zeitmesser sind noch immer funktionstüchtig, die Luft ist erfüllt vom beständigen Rattern der Uhrwerke.

Glück auf, die Steiger kommen! Einfahrt in die historische Silbergrube Lautenthals Glück

Der Gesundheitstempel von Bad Grund: Moorbäder versprechen Hilfe bei Rheuma oder Gicht, Solebäder wirken wohltuend bei einer Vielzahl von Hautleiden

Lebt man heute von Kur- und Urlaubsgästen, so war auch in Bad Grund einst der Bergbau wichtigster Erwerbszweig. In der ältesten der Oberharzer Bergbaustädte können Besucher bergmännische Technik und historische Grubenloks im **Bergbaumuseum** (Knesebeck 1, Führungen April–Okt. Do/So 11 und 14 Uhr) von Schacht Knesebeck besichtigen. Schon seit der Mitte des 14. Jh. förderten Bergleute hier Eisenstein und Silber zu Tage.

Im **Märchental** (Parkplatz der Iberger Tropfsteinhöhle, Mai–Okt. Di–So 10–17 Uhr) von Bad Grund werden die schönsten deutschen und Harzer Märchen und Sagen durch handgearbeitete Miniaturen veranschaulicht. Zur Freude der Kinder drehen und bewegen sie sich auf Knopfdruck.

Im Inneren der vielbesuchten **Iberger Tropfsteinhöhle** (an der B 242 Richtung Wildemann, www.ibergertropfsteihoehle.de, April–Okt. tgl. 9–16.30, Febr.–März Di–So 10–15.30 Uhr) wird es nie wärmer als 8°C. In der 85 m tief unter der Erde gelegenen Höhle faszinieren die von Metallablagerungen eingefärbten Stalagmiten und Stalaktiten.

Auf dem 563 m hohen **Iberg** dürften vor allem Kinder ihren Spaß an sommerlichen Schneeballschlachten (Juni–Aug. So 16 Uhr) haben. Denn in jedem Winter wird beim Gasthaus Albertturm (vom Parkplatz der Iberger Tropfsteinhöhle ausgeschildert, 30 min. zu Fuß) Schnee eingelagert, aus dem ein ›Scharfrichter‹ einen Schneemann formt, nur um ihn anschließend per Schwertstreich hinzurichten. Die schmelzenden Überreste reichen für eine kurze Schneeballschlacht.

Auf dem 40 m hohen **Hübichenstein** (an der B242 Richtung Seesen) etwas weiter westlich soll, zumindest der Sage nach, einst ein Zwergenkönig residiert

Hemmungen, Räderwerke und Pendel sind im Uhrenmuseum in ständiger Bewegung

Der 47 m hohe Hydrokompressorenturm von Schacht Knesebeck in Bad Grund versorgte die Maschinen unter Tage mit Pressluft

haben. Heute kann man den von einem Reichsadler gekrönten Felsen fast bis an die Spitze erklimmen und sich davon überzeugen, dass der frühere Zwergenwohnsitz verwaist ist. Die Walpurgisfeiern von Bad Grund finden am 30. April jeden Jahres zu Füßen des Felsens statt.

Praktische Hinweise

Information

Kurzentrum und Haus des Gastes, Elisabethstraße 1, 37539 Bad Grund, Tel. 053 27/70 07 10, Fax 053 27/70 07 70, www.bad-grund.de

Hotel

****Parkhotel Flora**, Schurfbergstr. 1, Bad Grund, Tel. 053 27/839 10, Fax 053 27/ 83 91 40, www.parkhotelflora.de. Apartmenthotel direkt beim Kurzentrum, Nutzung des Solehallenbades inklusive.

Restaurant

Hexenpeters Waldwinkel, Am Eichelberg, Bad Grund, Tel. 053 27/12 80. Harzer Gastlichkeit von mittags bis abends mit deutscher sowie thailändischer Küche.

31 Osterode

Plan Seite 110

Westliches Tor zum Harz mit sehenswertem Altstadtensemble

Die muntere Söse verlässt in Osterode, einer malerische Fachwerkstadt mit 27 000 Einwohnern am Ausgang von Lerbach- und Sösetales, den Harz. Die Historiker streiten sich, ob die germanische Frühjahrsgöttin Ostera oder eine bereits im 9. Jh. urkundlich erwähnte Rode-Siedlung Namenspate für die heutige Kreisstadt war. Seine Blütezeit hatte Osterode jedenfalls im 13. und 14. Jh., als der Handel mit Eisen, Kupfer und Gips einen gewissen Wohlstand in die Stadt brachte.

Um den alten **Kornmarkt** 1 gruppieren sich seit dem Mittelalter einige stattliche Gebäude. An der Nordflanke beeindruckt das von 1610–1619 errichtete, vierstöckige *Rinnesche Haus* mit reichem Fachwerkschmuck. Vom nahen Martin-Luther-Platz schaut der massive Bruchsteintum der im 13. Jh. erstmals erwähnten und nach dem Stadtbrand 1545 vergrößerten Kirche **St. Aegidien** 2 herüber. Im Inneren sollte man den Blick zur Kassettendecke richten, deren Platten seit der Erweiterung im 16. Jh. die Köpfe biblischer Figuren zieren. Sehenswert ist auch der im 17. Jh. eingefügte frühbarocke Kanzelaltar.

Das nahe **Alte Rathaus** 3 aus dem 16. Jh. steht auf dem Fundament eines 200 Jahre älteren Vorgängerbaus. Schön ist das dekorative Fachwerkgeschoss, das auf die zwei ersten Stockwerke aus Stein gesetzt wurde. Vor dem Rathausgiebel hängt die Rippe eines Wals, die ein Osteroder Kaufmann von einer Handelsreise mitbrachte. Angeblich schützt er die Stadt vor den Fluten der Söse.

Ältestes Fachwerkhaus der Stadt ist die **Ratswaage** 4 (Waagestr. 8) von 1550. Allerdings musste das Gebäude nach einem Brand im Jahr 1969 rekonstruiert werden, die Schreckmaske an der Giebelspitze, die eigentlich Unheil abhalten sollte, hat hier wohl ihre Wirkung verfehlt.

Im ehemaligen, 1722 fertig gestellten **Harzkornmagazin** 5 am Ufer der Söse lagerten einst bis zu 2000 t Getreide, die die Versorgung der Bergbaustadt auch in langen Wintern sichern sollte. Heute arbeitet die Stadtverwaltung in dem wuchtigen Gemäuer.

Von der **Alten Burg** 6 (Landmarke 11) auf der anderen Seite der Söse, die einst die Harzstraße über den Fluss sicherte,

Das Eseltreiberdenkmal (Mitte) vor vor dem Osteroder Rathaus erinnert daran, dass die Tiere und ihre Herren einst die Versorgung des Oberharzes mit Getreide sicherten

blieben nur die Reste eines romanischen Wohnturms erhalten. Wegen Baufälligkeit ist der Bergfried selbst nicht zugänglich, relativ nahe kommt man ihm durch den Friedhof von Osterode.

Kehrt man von diesem kurzen Abstecher wieder zurück in die Altstadt, so sollte man dem **Museum im Ritterhaus** 7 (Rollberg 36, Di–Fr 10–13 und 14–17, Sa–So 14–17 Uhr) in einem sehenswerten Fachwerkbau aus dem 17. Jh. einen Besuch abstatten. Ein Stadtmodell von 1880, Zeugnisse Harzer Eisengusskunst sowie unterschiedliche Trachten und andere Ausstellungsstücke illustrieren die Geschichte Osterodes. Ein Raum ist Tilman Riemenschneider (1460–1531) gewidmet, der in Osterode aufwuchs. Die Kirche **St. Jacobi** 8 unweit des Museums geht auf eine einst vor den Toren der Stadt gelegene Marktkapelle aus der Mitte des 11. Jh. zurück, um die im 13. Jh. ein Zisterzienserklosters entstand. 1751 erweiterte man das Gotteshaus. Sehenswert im Inneren sind der Altar aus dem 17. Jh., ein aus dem 12. Jh. stammender Taufstein sowie eine Mosesfigur von 1600. Das Kruzifix in der Seitenkapelle modellierte ein französischer Kriegsgefangener des Zweiten Weltkrieges aus durchgekautem Papier. Das Kloster selbst wurde nach der Reformation zum Schloss umgewandelt. Heute beherbergt es das Amtsgericht.

Auch die 1233 erstmals dokumentierte **Marienkirche** 9 in der westlichen Marienvorstadt lohnt einen Besuch. Besonders hübsch ist der Fachwerkaufsatz über dem Chor. Im Inneren der Kirche befindet sich ein von Barthold Castrop 1517 geschnitzter Marienaltar.

Osterodes Fußgängerzone bezaubert auch wegen der hübschen Fachwerkarchitektur

Freizeitvergnügen pur bietet das **Erlebnisbad Aloha** ⑩ (Mo 13–22, Di–Fr 9–22, Sa/So 9-20 Uhr) mit Becken für alle Altersstufen, Rutschen und Wildwasserkanal sowie diversen Saunen. Abends zaubern farbige Lichteffekte unterschiedliche Stimmungen in die Wasserwelt.

Ausflüge

Am Weg zum Sösestausee, in Höhe des Forsthauses Sösetal, liegt die **Wildvogelstation Osterode** (an der B 498, April–Okt. tgl. 10–18 Uhr). Hier sind ca. 50 verschiedene Vogelarten aus dem Harz in großen Volieren zu Hause, darunter die selten gewordenen Birk- und Auerhähne sowie Schneehühner.

Eine sehenswerte Kollektion Harzer Trachten findet man im Heimat- und Trachtenmuseum **Hus in Dieke** (Schwiegershausen, Tel. 055 22/12 41 91, Besichtigung nach Absprache) in Schwiegershausen, einem der wenigen Dörfer Südniedersachsens, wo Plattdeutsch noch Umgangssprache ist.

Praktische Hinweise

Information

Tourist-Information, Dörgestraße 40, 37520 Osterode, Tel. 055 22/31 83 60, Fax 055 22/31 83 36, www.osterode.de

Unterkünfte

*****Landhaus Meyer**, Sösetalstr. 23, Osterode-Riefensbeek, Tel. 05522/3837, www.hotel-landhaus-meyer.de. Gemütliche Herberge oberhalb des Stausees am Rande des Nationalparks.

Landgut Pony-Hotel, Sösetalstr. 17, Osterode, Tel. 055 22/41 24, Fax 055 22/754 93, www.pony-hotel-osterode.de. Direkt am Wald mit vielen Sport- und Freizeitvergnügungen, darunter Planwagenfahrten.

Restaurants

Landgasthof Sindram, Uehrde 22, Osterode Tel. 055 22/67 18. Frische Regionalküche mit Tradition, Spezialität: Pfannengerichte (Mo–Sa ab 17, So ab 10.30 Uhr, Di geschl.).

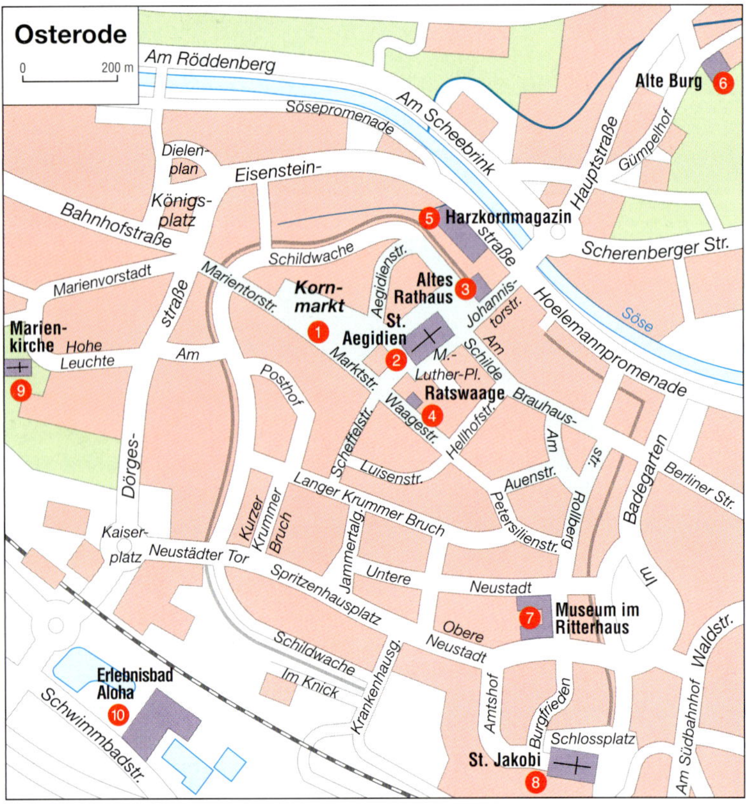

Ein Kleinod barocker Fachwerkbaukunst ist der 1662 errichtete Turm von Schloss Herzberg

32 Herzberg

Ein Welfenschloss mit fast 900-jähriger Geschichte.

Herzbergs (10 000 Einw.) Fußgängerzone wird von schmucken Fachwerkhäusern gesäumt. Über der Stadt thront das **Schloss Herzberg** (www.museum-schloss-herzberg.de, April–Okt. Di–So 10–13 und 14–17, Nov.–März 11–13 und 14–16 Uhr). In den Besitz der Welfen kam die Burg unter Heinrich dem Löwen (1129–1195), der sie 1157 im Austausch gegen Güter in Schwaben von Kaiser Friedrich Barbarossa erwarb. Nach schweren Brandschäden wurde sie als Vierflügelanlage im Stil der Renaissance ab 1510 wieder aufgebaut. Blickfang des Innenhofs ist der mit farbig gefassten Zierschnitzereien besetzte Turm.

Das *Museum* im Schloss lässt die Geschichte des Welfenhauses Revue passieren, das ab 1714 auch Großbritannien regierte. Zudem wird an die Herzberger Gewehrmanufaktur erinnert. Auch ein Faksimile des Evangeliars Heinrichs des Löwen ist zu sehen.

Wanderungen

Von Lonau aus, einem 3 km nördlich von Herzberg gelegenen Weiler, ist die **Hanskühnenburg**, ein 8 m hoher Quarzitfelsen auf der teils bewaldeten und zum Nationalpark Harz gehörigen Hochfläche *Auf dem Acker* (811 m) gut zu erwandern. Die Tour ist hin und zurück 14 km lang.

Die Tageswanderung zum 687 m hohen **Großen Knollen** (Wanderparkplatz am Ortsausgang von Herzberg Richtung Sankt Andreasberg) ist auch für sportliche Marschierer eine Herausforderung. Weniger anstrengend ist die Besteigung vom Kur- und Freizeitpark Sieber aus.

Auch die **Rhumequelle** südlich von Herzberg bei Rhumspringe ist ein lohnendes Ausflugsziel. Mit 2000–5000 l Wasserausstoß pro Sekunde ist sie eine der ergiebigsten Quellen Europas. Spuren menschlicher Besiedlung reichen bis in das Neolithikum um 5000 v. Chr. zurück. Von der Quelle aus führen verschiedene Rundwanderwege durch die umliegenden Wälder.

i Praktische Hinweise

Information

Tourist Information, Marktplatz 30, 37412 Herzberg, Tel. 055 21/85 21 11, www.herzberg.de

Hotels

*****Haus Iris**, An der Sieber 102 b, Herzberg-Sieber, Tel. 055 85/355, Fax 055 85/1512. Ruhige, zentrale Lage, großer Garten, Zimmer und Apartments.

****Landhaus Schulze**, Osteroder Straße 7, Herzberg, Tel. 055 21/899 40, Fax 055 21/89 94 38, www.landhaus-schulze.de. Bäuerlich möblierte Zimmer in renoviertem Fachwerkbau, empfehlenswerte Regionalküche

Nicht nur der Zahn der Zeit, auch französischer Sprengstoff setzte Burg Scharzfels arg zu

33 Scharzfeld

Legendäre Höhle mit berühmten Besuchern und ein frühchristliches Gotteshaus.

Der kleine Ort am Südrand des Harzes ist von Fichten- und Buchenwäldern umgeben. Auf einem Hügel nordöstlich des Dorfes erinnern malerische Ruinen an die im 12. Jh. errichtete **Burg Scharzfels**. Sie diente nach 1627 als Gefängnis und wurde 1761 von den Franzosen erobert und gesprengt. Vom 120 m hohen Burgfelsen reicht der Blick weit über das Harzvorland.

Bemerkenswert ist auch die **Einhornhöhle** (Ende März–Anfang Nov. Di–So 10–17 Uhr, Führungen, Tel. 055 21/99 75 59) nordöstlich von Scharzfeld mit ihrem Museum. Wahrscheinlich wurde sie vor knapp 400 Jahren beim Einsturz eines Teils der Höhlendecke entdeckt. Schon Leibniz, Goethe und Virchow erkundeten das Höhlensystem, in dem die Knochen von Höhlenbären, Höhlenlöwen und einem Riesenhirsch entdeckt wurden. Sogar Spuren des Neandertalers fand man. Einst wurde mit den zerstoßenen Knochen der längst ausgestorbenen Tiere, die man für Einhörner hielt und denen man wundersame Kräfte zuschrieb, schwunghafter Handel getrieben.

Am Steinberg, der mit seinen eindrucksvollen Dolomitfelsgruppen nördlich von Scharzfeld zwischen dem Mönche- und Bremketal aufragt, befindet sich mit der **Steinkirche** eines der ältesten Kulturdenkmäler Niedersachsens. Ausgra-

Gern würde der Besucher glauben, dass einst Fabeltiere die Einhornhöhle bevölkerten

bungen belegen, dass die Höhle den Menschen schon seit der Altsteinzeit ca. 10 000 v.Chr. bekannt war. In frühchristlicher Zeit diente sie als Kirche, vor dem Altar fand man bei Ausgrabungen im Jahr 1937 ein menschliches Skelett.

Praktische Hinweise

Information

Verkehrsverein Scharzfeld, Am Brandkopf 7, 37412 Herzberg, Tel. 055 21/27 52, www.scharzfeld.de oder Tourismusbüro Herzberg, s. o.

Restaurant

Wanderbaude Haus Einhorn, Einhornhöhle, Tel. 055 21/99 75 59, Kiosk, Imbiss und Infostelle für den GeoPark in einem.

34 Bad Lauterberg

Kneipp- und Schrothkuren haben den früheren Bergbauort zum Kurbad gewandelt.

Der beschauliche Kurort (13 000) mit seiner Fachwerkaltstadt liegt im breiten, von bewaldeten Hängen begrenzten Odertal, nicht weit von dem Anfang der 1930er-Jahre angelegten Oderstausee. Längst in Trümmer gefallen ist die Burg der Grafen von Lutterburg, die im 13. Jh. ihren Sitz auf dem Hausberg über der Stadt hatten. Im 16. Jh. brachten Bergbau und Eisenverhüttung einen gewissen Aufschwung.

Schon 1839 begründete eine Kaltwasserheilanstalt den Kurbetrieb, ab 1906 wurde Lauterberg zum staatlich anerkannten Heilbad mit Kurpark, Trink- und Wandelhalle. Heute ergänzt das **Vitamar Erlebnisbad** (Masttal 1, Mo–Fr 9–22, Sa/So 9–21 Uhr) mit Rutschen, Wellen und Saunen die verschiedenen Kneipp-, Schroth- und Kompaktkuren in Thermen und Solebädern. Auch für Kultur ist in Bad Lauterberg gesorgt: In der Kirche **St. Andreas** (1571) an der Hauptstraße finden regelmäßig Konzerte statt (Info: Tel. 055 24/33 73).

Am Rand des herrlich verwachsenen Kurparks zeigt das **Kinder- und Spielzeugmuseum** (Ritscherstraße, Do, Sa, So 10.30–12 und 14.30–17, Di, Mi, Fr 14.30–17 Uhr) im Haus des Gastes traditionelles Spielzeug, Käthe-Kruse-Puppen und Blechspielzeug sowie nostalgisch anmutende Gesellschaftsspiele aus der Zeit von 1860 bis 1960.

An der Wilhelmi-Brücke am Kurpark beginnt der Rundgang durch das **Museumsbergwerk Aufrichtigkeit und Scholmzeche** (Juli–Aug. Di, Fr–So 15 Uhr, April–Okt. Di, Fr, Sa 15 Uhr, Nov.–März Fr, Sa 15 Uhr). Der Besucher erfährt, wie zwischen dem 17. und 19. Jh. kupfer- und eisenhaltiges Gestein abgebaut wurde. Bergmannswerkzeug, alte Förderkübel und Grubenwagen und ein Fördergerüst sind zu sehen.

In der Königshütte aus dem 18. Jh., dem heutigen **Südharzer Eisenhüttenmuseum** (Führungen 2. und 4. Di im Monat 15 Uhr, ansonsten nach Vereinbarung, Tel. 05 51/770 06 83), wurden einst Drahtseile, Werkzeugstahl, Bildplatten und Standbilder gefertigt. Der Doppelschalenbrunnen im Zentrum des alten Hofes gibt einen Eindruck von der Kunstfertigkeit der Handwerker.

Praktische Hinweise

Information

Tourist-Information, Ritscherstr. 4, 37431 Bad Lauterberg, Tel. 055 24/920 40, Fax 055 24/55 06, www.badlauterberg.de.

Unterkunft

*****Ferien-Apartment-Schnibbe**, Hauptstr. 137/Brauhardtgasse, Bad Lauterberg, Tel. 055 24/921 00, Fax 055 24/92 10 49, www.cafe-schnibbe.de. Gut ausgestattete Apartments und Studios, dazu Brötchenservice aus eigener Bäckerei.

Restaurants

Alt Lauterberg, Hauptstraße 116, Bad Lauterberg, Tel. 055 24/37 33. Kräftige Wild-Gerichte sowie saisonale Harzer Küche, ordentliches Weinangebot.

Auch in Bad Lauterberg kann man durch einen wunderschönen Kurpark lustwandeln

Wald, soweit das Auge reicht: Vom Ravensberg bei Bad Sachsa reicht der Blick bis zum Brocken

Waldcafé Bienenhof Quellmalz, Kupferhütte 1, Bad Lauterberg, Tel. 055 24/ 85 28 80. Hausgemachter Kuchen und Wildgerichte im Waldcafé mit eigener Imkerei.

35 Bad Sachsa

Von Wiesen, Wälder und Teichen umgebener Kurort.

Ein schöner Kurpark, Spazier- und Wanderwege, dazu traditionelle Kuranwendungen im Gesundheits- und Kurzentrum machen Bad Sachsa (9300 Einw.) mit seinen netten Fachwerkhäusern zum geruhsamen Erholungsquartier. Die bescheidenen Ruinen der 860 erstmals erwähnten und schon 1074 geschleiften **Sachsenburg** sind über einen kurzen Spazierweg von der Blumenbergstraße am Ortsausgang zu erreichen.

Das Grenzlandmuseum in Tettenborn erinnert an die Geschichte der deutschen Teilung

Obwohl die schützende Burg zerstört war, bestand der Ort fort. Dessen Gotteshaus, die 1200 als spätromanische Kapelle gegründete Kirche **St. Nikokai** (Kirchstr.), wurde später gotisch erweitert. Ein Fachwerkanbau datiert von 1691. Innen präsentiert sie sich im Stil des Bauernbarock. Das Kirchenschiff hat doppelstöckige Emporen mit ornamentenreichen Brüstungen, der Altar stammt aus dem ausgehenden 16. Jh., Gestühl und Kanzel von 1711.

Wesentlich lebhafter geht es im **Salztal-Paradies** (Talstr. 28, Bad Sachsa) westlich der Kirche zu, einem Wasserpark mit Wildwasserkanal und diversen Rutschen, das zu den bevorzugten Zielen jüngerer Besucher zählt.

Der **Harzfalkenhof** (Mai–Okt. tgl. 10–17 Uhr) liegt etwa 1,5 km nördlich des Ortes auf dem Katzenstein. Hier leben Eulen und andere Greifvögel sowie Turm- und Wanderfalken. Zuchterfolge wurden sogar beim Schnee- oder Himalayageier und dem Weißkopfadler erzielt. Bei Vorführungen demonstrieren die Vögel ihre Flug- und Beutetechniken (11 und 15 Uhr).

Im Tal unterhalb des Katzensteins begeistert der **Märchengrund** (tgl. 10–18 Uhr) seit 1910 seine kleinen Besucher. Liebevoll ausstaffierte Häuschen und kleine Höhlen mit nachgestellten Märchenszenen verbreiten nostalgischen Charme.

Das **Grenzlandmuseum** (im Ortsteil Tettenborn, Ortsausgang Richtung Neuhof, Mi 13–16, So 10–12 Uhr) beleuchtet mit Modellen, Grenzturm, Markierungen, Ton-, Bild- und Textdokumenten die angespannte Situation an der deutsch-deutschen Grenze und dokumentiert, u.a. mit einem ausgestellten Heißluftballon, zahlreiche Fluchtversuche.

Ausflug

Vom 660 m hohen **Ravensberg** nordwestlich der Stadt bietet sich ein großartiger Ausblick zum Brocken nach Norden oder über die sanften, bewaldeten Kuppen des Harzvorlandes bis zum Kyffhäuser Gebirge im Südosten. Im Winter befördern drei Lifte Skifahrer zum Startpunkt alpiner Kurzpisten. Der Gipfel ist mit dem Auto zu erreichen, aber auch eine gut ausgeschilderte, recht anspruchsvolle Wander- oder Mountainbiketour (Start am Salztal-Paradies) führt zum Gipfel.

i Praktische Hinweise

Information

Bad Sachsa Information, Am Kurpark 63, 37441 Bad Sachsa, Tel. 055 23/300 90, Fax 055 23/30 09 49, www.badsachsainfo.de.

Hotels

******Romantischer Winkel**, Bismarckstr. 23, Bad Sachsa, Tel. 055 23/30 40, Fax 055 23/30 41 22, www.romantischer-winkel.de. Luxuriöses Wellnesshotel, einfallsreiche und kostenlose Kinderbetreuung, abwechslungsreiche Küche mit mediterranen Akzenten.

*****Hotel garni Sonnenhof**, Glaseberg 20a, Bad Sachsa, Tel. 055 23/9 43 70, Fax 055 23/94 37 50, www.sonnenhof-bad-sachsa.de. Gediegenes Urlaubshotel mit Kureinrichtungen und reichhaltigem Frühstücksbuffet.

Restaurant

Ländliche Kaffeestuben, Hintergasse 57, an der B 243, Mackenrode-Limlingerode, Tel. 03 63 36/57 77 77. Hausgemachte Kuchen und Torten, Harzer Wurst- und Wildwaren zum Verzehr oder Mitnehmen (Mi–So 14–18 Uhr, reservieren).

36 Walkenried

TOP TIPP *Faszinierende Einblicke in Leben und Wirken eines mittelalterlichen Klosterkonzerns.*

Am Rande des gleichnamigen Ortes befinden sich die bis auf den heutigen Tag eindrucksvollen Ruinen des Zisterzienserklosters Walkenried. Im Jahr 1127, als Adelheid von Walkenried stiftete, gab es hier im weiten Umkreis nichts anderes als die Wildnis der Harzer Wälder.

Von Aufstieg und Fall eines Klosterkonzerns künden die Ruinen der Kirche von Walkenried

Die Klosterkonzerte im Kreuzgang von Walkenried bieten stimmungsvollen Kulturgenuss

Die Reste der dreischiffigen gotischen Klosterbasilika lassen erahnen, wie groß der 1290 geweihte Kirchenbau einst war – und welchen Eindruck er auf Gäste des Klosters gemacht haben muss. Mit einer Länge von 92 m, einer Breite von 43 m und einer Scheitelhöhe von 23 m übertraf er die Kirchen der umliegenden Orte bei Weitem. Wie der Orden, dessen Mitglieder sich einem Leben in Armut, Demut und Enthaltsamkeit verschrieben hatten, diese Prachtentfaltung bezahlen konnte, das vermittelt das **Zisterzienser-Museum Kloster Walkenried** (www.kloster-walkenried.de, Di–So 10–17 Uhr) in den Klausurgebäuden. Denn gerade weil die Mönche sich jeder persönlichen Bereicherung enthielten, konnten sie – auch durch die regelrechte Ausbeutung der Laienbrüder, die auf den ausgedehnten Gütern des Klosters sowie im Bergbau arbeiteten – enorme Werte für die Gemeinschaft anhäufen, mit denen weitere Landkäufe und der Ausbau des Klosters finanziert wurde. Auf diese Weise entstand ein regelrechter **Konzern**, dessen Struktur jener eines modernen Unternehmens überraschend ähnlich war.

Begegnung mit den Managern des Glaubens im Zisterziensermuseum Walkenried

In faszinierender Weise verdeutlicht die Ausstellung aber auch den ersten Teil der Zisterzienserregel des *Ora et Labora* (Bete und arbeite): Immer wieder wird der Besucher bei seinem Rundgang durch Glockengeläut unterbrochen – so, wie einst auch die Mönche alle drei Stunden in ihrer jeweiligen Tätigkeit durch den Ruf zum Gebet unterbrochen wurden. Der moderne Besucher erfährt damit nicht nur anhand von Werkzeugen oder religiösen Utensilien vieles über den Orden, sondern mag bei entsprechender Vorstellungskraft ahnen, wie ein Mönch des Mittelalters lebte. Die Ausstellung endet mit dem Niedergang des Klosters, den nicht nur ein gewisser Sittenverfall, sondern vor allem die Reformation und die Zerstörungen im Bauernkrieg 1525 beschleunigten. Im zweischiffigen Kreuzgang der Klosterklausur, einem Meisterwerk gotischer Baukunst, finden zwischen Mai und Dezember regelmäßig stimmungsvolle Konzerte statt.

Wanderung

Von den gotischen Klosterruinen führt der knapp 8 km lange **Karstwanderweg** (grünes Dreieck) an den Höllteichen vorbei. Auf der kurvenreichen Strecke im Naturschutzgebiet Priorteich-Sachsenstein geht es zunächst zum Aussichtspunkt auf dem Höllstein. Durch den Laubwald sind bald die Ruinen der Sachsenburg bei Bad Sachsa erreicht. Über die Blumenbergsköpfe und rechts am Priorteich (Schwimmbad) vorbei kommt man bald zum Bahnhof Walkenried zurück. Von hier sind es nur noch wenige Schritte bis zum Kloster.

i Praktische Hinweise

Information

Touristinformation Walkenried, Bahnhofstraße 17, 37445 Walkenried, Tel. 055 25/202 15, Fax 055 25/202 55, www.die-drei-suedharzer.de

Camping

Campingpark Walkenried, Ellricher Str. 7, Walkenried, Tel. 055 25/778, Fax 055 25/23 32, www.knauscamp.de. Geneigter Wiesenplatz mit Teich, Hallenbad, vorzügliche Sanitäranlagen.

Restaurant

Kloster-Café Walkenried, Tel. 055 25/ 95 94 89. Mit Kaffeegarten, Mittagstisch und selbstgebackenem Kuchen.

37 Benneckenstein

Höchstgelegene Stadt Sachsen-Anhalts mit anerkanntem Heilklima.

Wiesen und Wälder rahmen den einstigen Bergarbeiterort Benneckenstein (2000 Einw.), der auf einer Hochebene am südlichen Harzrand liegt. Historisch erstmals greifbar wird der Ort im Jahr 1110 als Teil der Grafschaft Hohenstein. Besonders bequem ist er mit der Harzquerbahn zu erreichen, der auch das **Eisenbahnmuseum** (Di–Sa 10.15–16.25 Uhr, Bahnhofsstraße 23) gewidmet ist. Es zeigt alte Betriebsgeräte, Dokumente und Fotos. Zu den Schmuckstücken gehören eine handbetriebene Schrankenanlage und zwei betagte Dampfloks. Beim Spaziergang vom Bahnhof in den Ort fällt rasch die schieferverkleidete Kirche **St. Laurentius** von 1852 auf. Nahebei erstreckt sich der Kurpark.

Da kaiserliche Truppen unter Tilly Benneckenstein am 11. Juli 1627 während des Dreißigjährigen Krieges fast vollständig dem Erdboden gleichmachten, stammt das älteste Haus des Ortes, das *Werckmeisterhaus*, erst aus dem Jahr 1656. Dort lebte der Musiker Andreas Werckmeister (1645–1706).

Bedeutendstes Ereignis im Festkalender ist das alljährlich am frühen Pfingstmontag stattfindende **Finkenmanöver** an der Waldbühne am Ortsrand. Eine

Grand Prix der Singvögel: In Benneckenstein trällern die Finken um die Wette

fachkundige Jury entscheidet, welche Vögel in den mit Tüchern abgehängten Käfigen am kraftvollsten trällern können. Bergleute nahmen die Finken einst mit unter Tage, weil die Tiere sehr anfällig auf Sauerstoffmangel reagierten – ein deutliches Zeichen für die Arbeiter, nach oben zu steigen.

Ausflüge

Das kleine Hohegeiß 3 km westlich von Benneckenstein (www.hohegeiss.de) ist mit 642 m über dem Meer der höchstgelegene Kur- und Wintersportort des Harzes. Die schönsten Loipen nehmen am Gretchenkopf ihren Ausgang, dort und am Weinberg gibt es auch **Rodelhänge** für die Kleinen.

Im Sommer lohnt ein Spaziergang durch das westlich angrenzende Naturschutzgebiet ›Dicke Tannen‹. Der Name ist treffend gewählt, denn dort kann man über 300 Jahre alte und mit einem Umfang von fünf Metern recht umfangreiche Rottannen, eine Fichtenart, finden. Im Ort selbst ist das *Heimatmuseum Alte Pfarre* (Lange Str. 54, Mi/Sa 16–18 Uhr) von Hohegeiß und die barocke kleine Holzkirche *Himmelpforten*, ein holzverschalter Fachwerkbau vom Beginn des 18. Jh. sehenswert.

i Praktische Hinweise

Information

Kurverwaltung, Straße der Einheit 5, 38877 Benneckenstein, Tel. 03 94 57/26 12, Fax 03 94 57/26 13, www.benneckenstein.de.

Unterkünfte

*****Hotel Rust**, Am Brande 5, Hohegeiß, Tel. 055 83/831, Fax 03 94 57/364, www.hotelrust.harz.de. Panoramablick am Südhang, rustikale Zimmer und Apartments, dazu gutbürgerliche Küche und Café mit Terrasse, Innenpool.

****Harzhaus**, Heringsbrunnen 1, Benneckenstein, Tel. 03 94 57/940, Fax 03 94 57/944 99, www.hotel-harzhaus.de. Idyllisch am Waldrand gelegenes Hotel mit Tennisplätzen im Sportcenter und rustikaler Harzküche.

Restaurants

Landhaus Bei Wolfgang, Hundenburgstr. 6, Hohegeiß, Tel. 055 83/888. Ambitionierte Küche mit französischen Anleihen und netter Atmosphäre.

Quer durch den Harz: Von Goslar zum Kyffhäuser

Diese Tour führt durch die beeindruckendsten Berglandschaften des Harzes und erschließt beschauliche Ortschaften im Ober- und Südharz. Im Mittelpunkt steht das Naturerlebnis - der Weg ist das Ziel. Ausgangspunkt ist **Goslar**, in dessen Osten die Oker den Harz verlässt. Der Fluss windet sich durch eine verwunschene Felslandschaft, teilweise begleitet von der B 498, die den Reisenden zum Okerstausee bringt. Hier zweigt eine Landstraße über **Schulenberg** in die traditionsreiche Bergbaustadt **Clausthal-Zellerfeld** (21 km) ab. Zunächst über die Harzhochstraße B 242 und anschließend die B 498 nach Altenau (13 km) geht es durch dichten Fichtenwald weiter zum **Torfhaus** (8 km). Dort befindet sich der Ausgangspunkt einer der beliebtesten Wanderstrecken auf den Gipfel des Brockens.
Vom Torfhaus aus folgt man der B 4 nach **Braunlage** (23 km). Immer wieder öffnen sich weite Blicke über die Hochlagen des Oberharzes. Weiter geht durch die bewaldete Berglandschaft nach Elend (18 km), von wo ein Abstecher nach **Schierke** (5 km) hinein in den Nationalpark Harz lohnt. Zu Fuß oder bequem mit der Brockenbahn kommt man von dort auf den höchsten Berg (1141 m) des Harzes.

Zurück in Elend bringt die B 27 den Autofahrer nach **Rübeland** (15 km). Entlang der Strecke ragen immer wieder bizarre kalkfelsen aus dem Wald empor. Nun geht es weiter nach Osten zur Rappbodetalsperre (6 km), deren Staumauer man mit dem Auto überqueren kann. Um die ganze Schönheit des Bodetals zu erleben, sollte man nun der B 81 in Richtung **Blankenburg** folgen, sie nach etwa 3 km aber wieder in Richtung Altenbrak und Treseburg (9 km) verlassen. Dort beginnt eine der schönsten Wanderstrecken des gesamten Harzes, die am Grund der Bodeschlucht bis zum Hexentanzplatz über Thale führt.

Von Treseburg führt eine Landstraße durch den wundervollen Mischwald des Südharzes über die Orte Allrode, Güntersberge und Breitenstein in das malerische **Stolberg** (27 km). Ein Rundgang durch die Geburtsstadt Thomas Müntzers lohnt unbedingt. Entlang der Thyra ver-

Von den Feigenbaumklippen reicht der Blick weit über das dicht bewaldete Tal der Oker

lässt die Tour nun den Harz. Über **Kelbra** (20 km) und die B 85 erreicht der Reisende das **Kyffhäuserdenkmal** (4 km) und, auf der anderen Seite der dichten Buchenwälder des Kyffhäuser Gebirges, Bad Frankenhausen (19 km) mit dem imposanten Rundbild zum Bauernkrieg auf dem Schlachtberg.

NDR1

Westliches Harzvorland – an der Wiege Niedersachsens

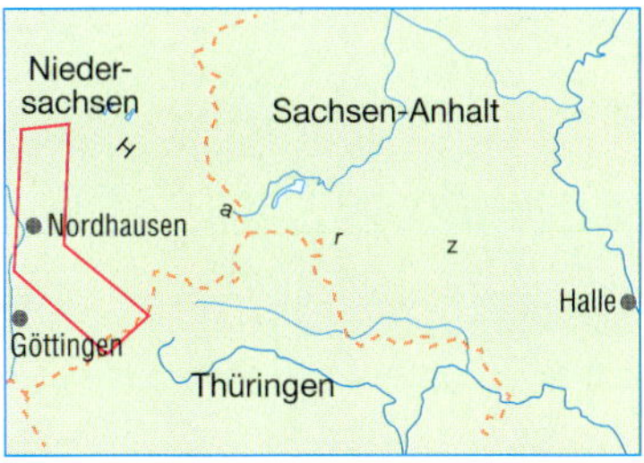

Auch im Westen des Harzes warten ansprechende Städte mit reicher Geschichte auf ihre Entdeckung. Zunächst ist da **Bad Gandersheim**, dessen im 8. Jh. gegründetes Kloster als ›Wiege Niedersachsens‹ gilt. Die romanische Stiftskirche begeistert auch dank der famosen Ausstellung in ihrem Inneren. Auch **Northeim** hat einiges zu bieten: In der Altstadt fasziniert die einfallsreiche Fachwerkarchitektur, besonders stimmungsvoll ist ein Rundgang entlang der bestens erhaltenen Stadtbefestigung.

Südlich von Northeim geht das Harzvorland in das **Eichsfeld** über, dessen sacht gewelltes Hügelland sich zwischen Harz, Hessischem Bergland und dem Thüringer Wald erstreckt. An seinem nördlichem Rand liegt **Duderstadt**, dessen Stadtbild die vergangenen Jahrhunderte fast unbeschadet überstand und so völlig zu Recht als eine der sehenswertesten Fachwerkstädte Deutschlands gilt. Von besonderer Schönheit ist die auch als **Dom des Eichsfeldes** bekannte, frühgotische Probsteikirche St. Cyriakus. Unweit von Duderstadt befindet sich mit dem **Heinz Sielmann Natur Erlebniszentrum** ein besonders bei Kindern beliebtes Ausflugsziel.

38 Bad Gandersheim

Heilbad mit berühmter romanischer Stiftskirche und sehenswerten Fachwerkgebäuden.

Wer Bad Gandersheim besucht, der wandelt auf wahrhaft historischem Boden. Denn hier gründete der Sachsenherzog Liudolf, Urgroßvater Kaiser Otto des Großen, 852 ein Kanonissenstift, das in den folgenden Jahrhunderten zum wichtigsten geistigen Bezugspunkt des ottonischen Kaisergeschlechts wurde. Die berühmteste Kanonissin des Klosters war Roswitha von Gandersheim (935-973), die Heiligenlegenden, Dramen und historische Gedichte in lateinischer Sprache verfasste. Sie ist auch Namensgeberin des ›Roswitha Preises‹, der bekanntesten deutschen Auszeichnung für Frauenliteratur, die seit 1973 in Bad Gandersheim verliehen wird.

Den zunächst provisorisch in Brunshausen beheimateten Konvent verlegte man schon 856 ins nur 2 km entfernte Gandersheim, wo sich zwei bedeutende Handelswege kreuzten. Umgehend begann der Bau einer ersten **Stiftskirche** (www.portal-zur-geschichte.de, tgl. 11-16.30 Uhr). Ihre romanische Gestalt mit dem wuchtigen zweitürmigen Westwerk erhielt sie im 12. Jh.

Der *Kirchenraum* beeindruckt besonders durch seine Schlichtheit und strenge Gliederung, die sich auch im zunächst doppelten, dann einfachen Stützenwechsel von Pfeilern und Säulen im Mittelschiff spiegelt. Die Rundbögen öffnen sich zu den schmalen Seitenschiffen. Von ihnen gehen an der Südfront gotische Kapellen ab, die im 14. und 15. Jh. entstanden. Über der Krypta aus ottonischer Zeit (10./11. Jh.) erhebt sich der *Hohe Chor* mit einem mannshohen, fünfarmigen Bronzeleuchter von 1430 als Blickfang.

Ebenfalls bemerkenswert sind das Grabmahl des Herzogs Liudolf in der Antoniuskapelle mit einer liegenden, aus Eichenholz geschnitzten Figur von 1270, der Dreikönigsaltar sowie das große Triumphkreuz (Ende des 15. Jh.).

Am Einlass zur Kirche kann man auch Karten für die Ausstellung *Portal zur Ge-*

◁ *Bühnenreif: Das Westwerk der romanischen Stiftskirche von Bad Gandersheim bildet die Kulisse der Domfestspiele*

schichte lösen. Die Eintrittskarte schaltet mehrere über den Kirchenraum verteilte Hörstationen frei, die bedeutende Ausstattungsstücke erläutern. Außerdem hat man mit ihr Zugang zum *Fräuleinchor* auf der Empore, wo kunstvoll verzierte Reliquien und herrlich gestaltete Skulpturen aus dem Gandersheimer Kirchenschatz gezeigt werden.

Vor der mächtigen Kulisse des Doms locken im Juli und August die **Domfestspiele** mit einem weit gefächerten Programm von klassischen Dramen bis zum Kindertheater Besucher in die Stadt.

Die früheren **Stiftsgebäude** schließen östlich an den Dom an. Der kunstvoll gestaltete *Kaisersaal* im Inneren des im Renaissancestil um 1600 errichteten Hauptgebäudes kann nur bei Führungen (Info bei Tourist Information, s.u.) besichtigt werden. Dessen Decke zieren seit Anfang des 18. Jh. Portraits von Adligen und Äbtissinnen im Stile Raffaels. Die kleine, im Jahr 1188 erbauten *Marienkapelle* wurde beim Ausbau des Stifts nicht etwa abgerissen, sondern in den Fachwerkbau neben dem Hauptgebäude integriert.

Nördlich des Chors der Stiftskirche steht das historische **Rathaus**, das 1580 nach einem Brand unter Einbeziehung des Turms der ehemaligen Moritzkirche neu erstand. Es beherbergt heute das Stadtmuseum (Di–Do 15–17, Fr–So 10.30–12.30 und 15–17 Uhr).

Das ehemalige **Benediktinerkloster Brunshausen** liegt im Norden des Ortes an der Hildesheimer Straße. Hier befindet sich der eigentliche Gründungsort des Stiftes Gandersheim. Die ehrwürdigen Räume beherbergen eine *Ausstellung* (ab Juni 2007, www.protal-zur-geschichte.de) zur wechselvollen Geschichte des Klosters. Berühmte Frauen wie die Dichterin Roswitha oder die byzantinische Gemahlin Kaiser Otto III., Theophanou, stehen im Mittelpunkt der Schau. Auch an die Nazizeit wird erinnert, als die Klosteranlage als Außenstelle des KZ Buchenwald missbraucht wurde.

Schon die Kanonisse Roswitha wusste in einer Legende von der heilenden Wirkung des Gandersheimer Wassers zu berichten, und noch heute können sich Kurgäste im **Vitalpark** (Hildesheimer Str. 7a, www.vitalpark.bad-gandersheim.de) vom wahren Kern ihrer Erzählung überzeugen. Eine Sauna- und Badelandschaft kombiniert klassische Massagen mit asiatischen und indianischen Heilmethoden.

i Praktische Hinweise

Information

Tourist Information, Stiftsfreiheit 12, 37581 Bad Gandersheim, Tel. 053 82/737 00, Fax 053 82/737 70, www.bad-gandersheim.de

Hotel

****Köhlers Landgasthaus**, Altgandersheim, Tel. 053 82/52 12, Fax 053 82/52 59, www.koehlers-landhotel.de. Einfache, ordentliche Zimmer in ruhiger Lage, schmackhafte, gutbürgerliche Küche.

Maria und Johannes wachen über den Reliquienschatz der Gandersheimer Stiftskirche

Repräsentative Bürgerhäuser zieren den baumbestandenen Marktplatz von Northeim

Restaurants

Ratsbrauhaus, Markt 10, Bad Gandersheim, Tel. 053 82/10 61. Rustikale Brauhausvesper und selbstgebraute Biere.

Rosencafé, im Kloster Brunshausen, Bad Gandersheim, Tel. 053 82/31 44. Täglich frischer Kuchen aus eigener Produktion serviert im Äbtissinnensaal des Klosters.

39 Northeim

Alte Fachwerkstadt zwischen Harz und der Northeimer Seenplatte

Die Anfänge von Northeim (31 000 Einw.) reichen in die Zeit um 800 zurück, als sich an der Kreuzung zweier Handelswege eine kleine Siedlung mit einem Königshof bildete. Im 11. Jh. war Graf Otto von Northeim einer der Anführer des Sachsenaufstandes, während dessen Kaiser Heinrich IV. überstürzt auf die Harzburg fliehen musste. Ottos Söhne gründeten um 1110 das **Kloster St. Blasien**, dessen mächtiger Fachwerkkorpus noch heute den Münsterplatz dominiert. 1252 erhielt Northeim Stadtrechte, von 1384 bis 1554 war es Mitglied der Hanse.

In der hübschen Altstadt finden sich viele mittelalterliche Bürgerhäuser. Eines von ihnen ist das **Reddersenhaus** von 1420 (Am Münster 6), in dem sich die Tourist-Information befindet. Um den **Marktplatz** herrscht seit einem Stadtbrand im Jahr 1893 historistische Ziegelarchitektur vor.

In einem der schönsten Gebäude der Stadt, dem **Hospital St. Spiritus** (Am Münster 32, Di–So 10–12, Di–Fr 14–17 Uhr) von 1500 mit dem Heimatmuseum, können Besucher die mittelalterliche Alltagsgeschichte Northeims erkunden. Eine besondere Attraktion ist der ›Schatz von Höckelheim‹, ein Fund von über 17 000 mittelalterlichen Münzen, Gefäßen und Silberbarren. Folgt man der Straße *Am Münster*, so ist rasch die *Breite Straße* erreicht, die Haupteinkaufsstraße der Stadt.

Dass Northeim einst eine wehrhafte Stadt war – während des Dreißigjährigen Krieges widerstand man 10 Monate lang der Belagerung – zeigt sich an den früheren Wallanlagen. Am besten erschließen sich diese Bauten bei einem Spaziergang von der Unteren Straße entlang des Zwingers mit einem Torwächterhaus von 1778 und dem Flankenturm von 1468 bis zur Oberen Straße. So erreicht man auch **St. Sixti** (Kirchstraße, Di–Sa 10.30–12.30 und 15–17 Uhr), eine spätgotische, dreischiffige Hallenkirche mit einer sehenswerten Orgel aus dem 15. Jh. Den 63 m hohen Kirchturm ziert eine gedrehte Spitze. Nahe der Kirche zeigt das **Theaters der Nacht** (Obere Straße 1, Tel. 055 51/ 99 55 07, www.theater-der-nacht.de) seine fantasievollen Aufführungen. Der verspielte Geist der Bühne zeigt sich auch am Haus selbst, auf dessen Giebel ein aus Dachziegeln gestalteter Drache sitzt.

Der **Planetenwanderweg** (Am Martinsgraben Ecke Wieterrand am Südrand von Northeim) führt nach Sudheim und zeigt mit Infotafeln zu Sonne, Mars, Jupiter, Saturn, Uranus, Neptun und Pluto die Dimensionen des Sonnensystems und die Abstandsverhältnisse der Planeten.

Nördlich der Stadt breitet sich die **Northeimer Seenplatte** aus, mit einem Dutzend durch Kiesabbau entstandenen Seen, die zu Naturschutzreservaten und Freizeitgewässern umgestaltet wurden.

i Praktische Hinweise

Information

Northeim-Touristik, Am Münster 6, 37154 Northeim, Tel. 055 51/91 30 66, 055 51/91 30 67, www.northeim-touristik.de

Hotel

TOP TIPP ****Burghotel Hardenberg, Im Hinterhaus 11 a, Nörten-Hardenberg, Tel. 055 03/98 10, Fax 055 03/98 16 66, www.hardenberg-burghotel.de. Gepflegte Landhauszimmer im Fachwerkhaus unter der Hardenbergschen Burgruine. Zwei Spitzenrestaurants, ein Reitplatz und das herausragende Angebot für Golfer sorgen dafür, dass sich der Gast hier rundum wohlfühlt.

Restaurant

Leineturm, Leineturm 1, Northeim, Tel. 055 51/978 50. Einfallsreiche Küche, dazu Zimmer mit Blick ins Grüne, am Stadtrand nahe der B 241

40 Duderstadt

Frühere Grenzstadt mit Fachwerkzentrum und Eichsfelder Dom.

Duderstadt (23 000 Einw.) liegt zwischen Harz und Eichsfeld, einer von sanften Hügeln, Wäldern und Wiesen bestimmten Landschaft, in der malerische Fachwerkdörfer und Burgen für Abwechslung sorgen. Duderstadt selbst verdankte seine mittelalterliche Blütezeit der Lage an der auch von Händlern und Handwerkern genutzten Nürnberger Heerstraße. Brände, eine Verlagerung der Handelswege und die Auswirkungen des Dreißigjährigen Krieges wendeten jedoch das Blatt. Nach dem Zweiten Weltkrieg verhinderte die unmittelbaren Grenzlage zur DDR einen Wirtschaftsaufschwung.

Doch vielleicht liegt es gerade daran, dass in der über 1075 Jahre alten Stadt nicht abgerissen und neu gebaut, sondern das Bestehende weiter genutzt wurde – und sie sich so eine geschlossene Altstadt erhalten konnte.

Besichtigung Das zu Beginn des 14. Jh. begonnene und bis zum 18. Jh. immer wieder umgestaltete **Rathaus** (Mo–Fr 9.30–16.30, Do 9.30–18, Sa 10–12.30 Uhr) ist das Wahrzeichen Duderstadts. Auf einem doppelstöckigen, von Arkadenböden durchbrochenen Fundament aus heimischem Sandstein erhebt sich eine dreitürmige Fachwerkkonstruktion mit Erkern und Giebeln in einem harmonisch wirkenden Stilmix von der Gotik bis zur Renaissance. Im Inneren ist eine Ausstel-

Am Münsterplatz von Northeim steht das Kloster St. Blasien, die Keimzelle der Stadt

Viele Architekten verderben nicht den Bau: Seit 1302 wurde das Duderstädter Rathaus erweitert, umgebaut und renoviert – und wirkt doch, als hätte es nie anders aussehen sollen

lung zur Geschichte Duderstadts zu sehen, angemessen Furcht einflößend ist ein Besuch der Folterkammer.

Am Obermarkt, der höchsten Stelle des alten Stadtkerns, ragen die beiden Türme der Probsteikirche **St. Cyriakus** in die Höhe. Sie wird wegen ihrer Bedeutung und ihres Formenreichtums auch *Eichsfelder Dom* genannt. Ihr imposantes Westwerk entstand bereits ab 1240. In der Mitte des frühgotischen, reich mit Blattornamenten verzierten Hauptportals begrüßt Maria mit Kind die Gläubigen – man beachte den fein herausgearbeiteten Faltenwurf ihres Gewandes. Im Inneren begeistert die spätgotische Prachtentfaltung des 1490 errichteten Hauptschiffes mit seinem Netzgewölbe, in das 80 Schlusssteine mit den Reliefs verschiedenster Heiliger und Christusdarstellungen eingefügt wurden. Am gotischen Hochaltar von 1500 wird die Leidensgeschichte Christi in kunstvollen Schnitzereien geschildert.

Am westlichen Abschluss der Marktstraße steht die Kirche **St. Servatius**. Etwas kleiner als ihr Pendant St. Cyriakus präsentiert sie sich von außen einheitlich in spätgotischem Stil. Das barocke Innere fiel 1915 jedoch vollständig einem Brand zum Opfer und zeigt sich seit seiner Restaurierung nun mit vielen Elementen des Jugendstils.

An die Kirchenbesichtigungen sollte sich ein Bummel entlang des mittelalterlichen **Befestigungssystems** aus Stadtmauer und Stadttoren anschließen. Der alte Stadtwall ist von teils 300 Jahre alten Linden und Kastanien bestanden, schön ist auch der eigenwillig gedrehte Helm des Westertors.

Ausflüge

Im **Grenzland Museum Eichsfeld** (Teistungen, www.grenzlandmuseum.de, Di–So 10–17 Uhr) unmittelbar im Süden von Duderstadt, dort, wo einst die Demarkationslinie zwischen BRD und DDR verlief, können die Befestigungsanlagen der DDR besichtigt werden. Wie gravierend die Auswirkungen des Eisernen Vorhangs auf das tägliche Leben der Menschen beiderseits der Grenze war wird hier deutlich.

Das Gut Herbigshagen mit dem **Heinz Sielmann Natur Erlebniszentrum** (www.sielmann-stiftung.de, April–Okt. 10–18, Nov.–März bis 17 Uhr) gleich östlich von Duderstadt will Jung und Alt die Natur direkt vor unserer Haustür näher bringen. Man züchtet bedrohte Nutztierrassen, ein Naturlehrpfad mit Bauerngarten begeistert für Ökologie und naturnahe Nahrungsmittelproduktion.

i Praktische Hinweise

Information

Gäste-Information, Marktstr. 66, 37115 Duderstadt, Tel. 055 27/84 12 00, Fax 055 27/64 12 01, www.duderstadt.de

Unterkünfte

***__Hotel zum Löwen__, Marktstr. 30, Duderstadt, Tel. 055 27/30 72, Fax 055 27/726 30, www.hotelzumloewen.de. Moderner Komfort in historischem Ambiente inmitten der Altstadt, Schwimmbad, gepflegte internationale und regionale Küche in mehreren Restaurants und Schänken.

Restaurants

Gasthaus Schenke, Ortsteil Nesselröden, Tel. 055 27/983 80. Gutbürgerliche Küche, dazu ordentliche Zimmer im angeschlossenen Hotel.

Zu den Zeugen des Mittelalters

Am Nordrand des Harzes künden Klöster und Kirchen, Burgen und historische Städte von den Taten der Kaiser frühen Mittelalters. Die im Folgenden beschriebene Tour führt zu einigen der bedeutendsten Baudenkmäler jener Zeit, die Deutschland zu bieten hat. Die Angaben in Klammern hinter den einzelnen Stationen beziehen sich auf die Zeit, die man ungefähr für eine Besichtigung (ohne Museumsbesuche) einplanen sollte.

Die Rundfahrt beginnt in **Quedlinburg** (3 Stunden). Hier soll der Sachsenherzog Heinrich 919 die Nachricht von seiner Königswahl erhalten haben, hier begann der Aufstieg der Harzregion zu einem Machtzentrum des frühen Mittelalters. Die romanische Stiftskirche St. Servatius über der in unvergleichlicher Vollständigkeit erhaltenen Fachwerkaltstadt bietet schon bei der Anfahrt einen erhabenen Anblick.

Nur 7 km von Quedlinburg entfernt, wartet ein weiteres Meisterstück romanischer Baukunst auf den Reisenden, nämlich die Stiftskirche von **Gernrode** (1,5 Stunden). Besonders schön ist der reich verzierte Nachbau des Heiligen Grabes (ca. 1075).

Nun folgt ein Abstecher zur **Burg Falkenstein** (2 Stunden) hoch über dem malerischen Tal der Selke. Ihre Wehrmauern, Türme und Zwinger überstanden die Jahrhunderte völlig unbeschadet.

Nicht minder gut erhalten ist das **Kloster Michaelstein** (1 Stunde) 13 km westlich von Gernrode, dessen älteste Teile aus dem 12. Jh. stammen. Im Klostergarten wachsen wie zu Zeiten der Mönche Heilkräuter in Hülle und Fülle.

Nun sind es nur noch 10 km nach **Wernigerode** (3 Stunden), dessen Altstadt vom historistischen Schloss aus dem 19. Jh. überragt wird. Die Altstadt Wernigerodes mit ihren Fachwerkhäusern aus dem 14.–18. Jh. wurde seit der Wende strahlend schön restauriert.

Das **Kloster Drübeck** (1 Stunde) mit seiner seit dem frühen 11. Jh. fast unverändert erhaltenen Kirche liegt eingebettet in die Wiesen des Harzvorlandes. Besonders eindrucksvoll ist das Innere der Klosterkirche mit ihren säulengestützten Mittel- und Seitenschiffen.

Der Taufstein im ansonsten hochgotischen Dom von Halberstadt entstammt der Romanik

Nächste Station ist **Goslar** (3 Stunden) das zur Zeit Kaiser Heinrich IV. im 11. Jh. so etwas wie die Hauptstadt des Deutschen Reiches war. Sitz der Kaiser war die Kaiserpfalz über der Stadt.

Osterwieck (1,5 Stunden) ist, ebenso wie Wernigerode oder Quedlinburg, eine wahre Perle der Fachwerkarchitektur. Wer aufmerksam durch die Gassen streift, der wird immer wieder liebevoll gestaltete Verzierungen und originell geschnitzte Gestalten an den Häusern aus dem 15.–18. Jh. finden.

Letzte Station dieser Reise ins Mittelalter ist **Halberstadt** (2,5 Stunden). Seit dem Jahr 804, als Kaiser Karl der Große hier ein Bistum gründete, gehört die Stadt zu den geistigen Zentren der Harzregion. Mit dem 1491 geweihten Dom St. Stephanus und Sixtus besitzt die Stadt eine beeindruckend harmonische Kathedrale im gotischen Stil. Den Domschatz, zu dessen schönsten Stücken Teile der Mitgift Theophanous, der byzantinischen Braut Kaiser Ottos II. gehören, sollte man sich keinesfalls entgehen lassen.

Harz aktuell A bis Z

Vor Reiseantritt

ADAC Info-Service:
Tel. 018 05/10 11 12, Fax 018 05/30 29 28 (0,14 €/Min.).

ADAC im Internet:
www.adac.de
www.adac.de/reisefuehrer

Harz im Internet:
www.harzinfo.de

Informationen über die Ferienregion Harz bieten:

Harzer Verkehrsverband e.V., Marktstr. 45, 38640 Goslar, Tel. 053 21/340 40, Fax 053 21/34 04 66, www.harzinfo.de

Tourismus Marketing Niedersachsen GmbH, Theaterstr. 4–5, 30159 Hannover, Tel. 05 11/27 048 80, Fax 05 11/27 04 88 88, www.reiseland-niedersachsen.de

Landesmarketing Sachsen-Anhalt GmbH, Am Alten Theater 6, 39104 Magdeburg, Tel. 03 91/567 70 80, Fax 03 91/567 70 79, www.sachsen-anhalt-tourismus.de.

Thüringer Tourismus GmbH, Weimarische Str. 45, 99099 Erfurt, Tel. 03 61/374 20, Fax 03 61/374 23 88, www.thueringen-tourismus.de

Allgemeine Informationen

Tourismusämter

Tourismusämter und Kurverwaltungen werden bei den jeweiligen Punkten unter *Praktische Hinweise* genannt.

Notrufnummern und Adressen

Einheitlicher Notruf: Tel. 112 (EU-weit, auch mobil: Polizei, Unfallrettung, Feuerwehr)

Bergwacht: Tel. 03943/55 34 60

ADAC Pannenhilfe: Tel. 018 02/22 22 22 (24 Std., 0,06 €/Anruf), in allen Mobilfunknetzen: Tel. 22 22 22

ADAC Rettungshubschrauber: Tel. 112

ADAC-Vertretung: ADAC Niedersachsen/Sachsen-Anhalt, Goslar, Marktkirchhof 1

Österreichischer Automobil Motorrad und Touring Club
ÖAMTC Schutzbrief-Nothilfe:
Tel. 00 43/(0)1/2 51 20 00

Touring Club Schweiz
TCS Zentrale Hilfsstelle:
Tel. 00 41/(0)2 24 17 22 20

Anreise

Auto

Umfangreiches **Informations-und Kartenmaterial** können Mitglieder des ADAC kostenlos bei ihren Geschäftsstellen oder unter Tel. 018 05/10 11 12 (0,14 €/Min.) anfordern. Im ADAC Verlag (www.adac.de/karten) sind außerdem die FreizeitKarte *Harz, Hannover, Braunschweig* (1:100 000), *Kyffhäuser, Thüringer Wald, Werratal* (1:100 000) und die LänderKarten *Niedersachsen* (1:300 000), *Sachsen-Anhalt* und *Thüringen* (jeweils 1:250 000) erschienen.

Der Harz wird von Autobahnen geradezu eingerahmt. Im Westen führt die A 7 unmittelbar an Seesen vorbei, im Osten wird das Mittelgebirge von der A 14 und der A 143 passiert. Im Norden führt die A 2 in etwa 40 km Entfernung am Harz vorbei, wer bei Braunschweig auf die A 395 wechselt, der kommt bequem bis Vienenburg. Im Süden schließlich wurde Anfang 2007 die A 38 fertiggestellt, die von Halle über Nordhausen nach Göttingen führt.

Bahn

Der ICE bringt Reisende aus den meisten Städten rasch nach Göttingen, Braunschweig oder Hildesheim. Die Weiterreise in die Orte am Harzrand ist von dort unproblematisch. Ein nostalgisches Erlebniss bieten die Züge der Harzer Schmalspurbahn, die viele Orte der Harzregion ansteuern.

Fahrplanauskunft:

Deutschland

Deutsche Bahn, Tel. 118 61 (persönliche Auskunft, gebührenpflichtig),

Tel. 08 00/150 70 90 (sprachgesteuert, kostenlos), www.bahn.de

Harzer Schmalspurbahn, Tel. 018 05/33 10 10 (0,14 €/Min)

Österreich

Österreichische Bundesbahn, Tel. 05 17 17, www.oebb.at

Schweiz

Schweizer Bundesbahnen, Tel. 09 00 30 03 00, www.sbb.ch

Flugzeug

Die nächstgelegenen Flughäfen von Hannover, Braunschweig und Leipzig sind je nach Zielort zwischen 60 und 130 km vom Harz entfernt.

Bank, Post, Telefon

Bank

Banken sind in der Regel Mo–Fr 8.30–12.30 und 14–16 Uhr geöffnet. Bankfilialen mit Geldautomaten finden sich in den meisten Orten des Harzes.

Post

Öffnungszeiten sind meist Mo–Fr 8–12 und 14–18, Sa 8–12 Uhr. In kleineren Orten übernehmen oft sog. Postagenturen in Lebensmittelläden oder anderen Einzelhandelsgeschäften die Postdienste.

Telefon

Im gesamten Harz kann man problemlos mit dem Handy telefonieren, auch wenn in manchen abgelegenen Tälern der Empfang mitunter zu wünschen übrig lässt.

Behinderte

Auch Menschen mit körperlichen Einschränkungen können im Harz ihren Urlaub genießen. Barrierefreie Unterkünfte werden in der vom Harzer Verkehrsverband [s. S. 127] herausgegebenen Broschüre ›Der Harz – zu Gast bei uns‹ ausgewiesen.

Der Naturweg für Rollstuhlfahrer in Hahnenklee, wo auch ein Wandertag für Behinderte veranstaltet wird, oder der 900 m lange Rehberger Grabenweg im Nationalpark sind perfekt auf die Bedürfnisse körperlich eingeschränkter Gäste ausrichtet. Das Schaubergwerk Büchenberg in Elbingerode ist wie manche andere Sehenswürdigkeit auch für Rollstuhlfahrer zugänglich.

Einkaufen

Nichts spricht dagegen, den Daheimgebliebenen eine der allgegenwärtige **Hexenpuppen** oder eine köstliche **Hirschsalami** mitzubringen. Sehr typisch wäre auch die **Harzer Holzkohle** aus der Köhlerei Stemberghaus. Wer aber ein etwas originelleres Geschenk sucht, der findet in den Städten und Dörfern des Harzes ein vielfältiges Angebot an geschmackvollem Kunsthandwerk.

Arbeiten Wernigeröder Künstler stehen in der **Kemenate** (Marktstraße 1), dem Sitz des örtlichen Kulturvereins, zum Verkauf. Für die Kleinen gibt es handgefertigtes Holzspielzeug. Nicht weit entfernt produziert die kleine **Porzellanmanufaktur Hütter** (Mittelstraße 6, Tel. 039 43/63 29 91) dekorative Gebrauchskunst.

Bekannt für ihre geschmackvollen Designs sind auch die **Glasmanufaktur Harzkristall** (Tel. 03 94 53/68 00, www.harzkristall.de) in Derenburg nordöstlich von Wernigerode und die **Töpferei Schellbach** (Harzstraße 5a, Tel. 039 44/28 09) in Blankenburg. Sehr geschmackvoll sind auch die Arbeiten aus der **Glasbläserei** von Clausthal-Zellerfeld.

Modische Hüte, Jacken und Westen, dazu Wandteppiche und Kissenbezüge aus dem erstaunlich wandlungsfähigen Werkstoff Filz bietet die **Filzmanufactur** (Marktstraße 7, Tel. 039 46/51 21 90, www.filzmanufactur.de) in Quedlinburg.

Feinstes Glas aus Clausthal-Zellerfeld

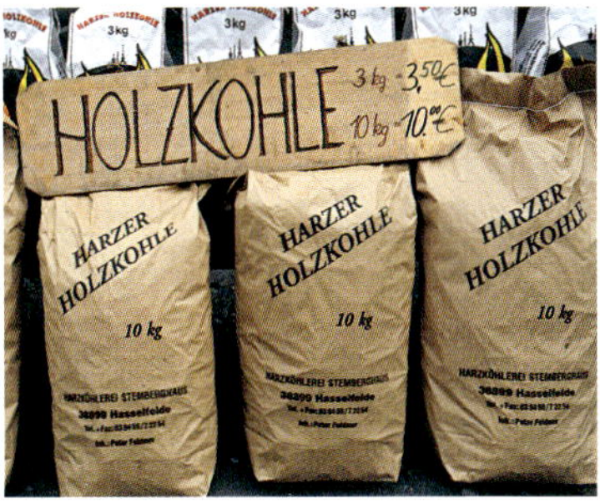

Mit Harzer Holzkohle schmeckt das Grillfleisch gleich noch besser

Der **Kunsthandwerkermarkt** (1. August-Wochenende) in Goslar ist ein wahrer Besuchermagnet. Hochwertige Gebrauchskunst von Goldschmieden, Ledermeistern, Töpfern, Kunstschmieden und anderen Kreativen werden ganzjährig im **Großen Heiligen Kreuz** präsentiert.

Auch wenn der Bergbau Ende des 20. Jh. eingestellt wurde: In vielen Orten werden die Schätze der Erde unbearbeitet oder zu Schmuckstücken geschliffen feilgeboten. **Bergkristalle** und die Harzer Blutsteine gibt es z.B. im Verkaufsraum des Besucherbergwerks von Elbingerode.

Essen und Trinken

Die traditionelle Küche des Harzes spiegelt die Bedürfnisse der hart in den Wäldern und Bergwerken arbeitenden Bewohner des Mittelgebirges: Deftige, nahrhafte Speisen, die angesichts der niedrigen Löhne nicht allzu teuer sein durften, also Gemüse, Kartoffeln, etwas Schweinefleisch. Ein gutes Beispiel für diese Küche ist der deftige **Thüringer Aschkuchen**, der aus Kartoffeln, Mehl, Speckwürfeln, Backpflaumen, eingeweichten Brötchenscheiben und verquirltem Ei gebacken wird.

Da die Wälder des Harzes schon immer zur Jagd einluden, wissen die Köche auch **Wild** köstlich zuzubereiten. Rehrücken und Wildschweingulasch gehören zu den Spezialitäten. Auf manchen Weiden im Harz, besonders in der Gegend von Wildemann, grast **Harzer Rotes Höhenvieh**, eine heimische Rinderart, deren Fleisch dank der kräuterreichen Wiesen, auf denen sie im Sommer weiden, besonders köstlich schmeckt. Das *Hotel Habichtstein* (Kreisstraße 4, Tel. 03 94 84/78 00) in Alexisbad und der *Weiße Hirsch* (Marktplatz 5, Tel. 039 43/60 20 20) in Wernigerode führen es oft auf der Speisekarte.

Da die Holzarbeiter und Bergwerker weder in den Wäldern noch unter Tage kochen konnten, packten sie vor allem gut haltbare und ohne großen Aufwand zuzubereitende Nahrungsmittel in ihre Beutel. So erklärt sich die besondere Wertschätzung, die die **Wurst** in all ihren Varianten, als Rotwurst, Leberwurst, Bratwurst, Mettwurst oder Schmorwurst, genießt.

Schon dem Namen nach aufs engste mit dem Harz verbunden ist der sog. **Harzer Roller**, ein fettarmer Sauermilchkäse mit oder ohne Kümmel, der oft pikant angemacht zu kräftigem Sauerteigbrot gereicht wird und sehr aromatisch duftet. Je älter er ist, desto intensiver schmeckt er.

Wer einmal essen will wie ein Bergmann, der sollte eine **Tscherperplatte** bestellen. Sie bringt die köstlichsten Harzer Wurst- und Käsespezialitäten zusammen. Verzehrt werden sie mithilfe eines Tscherper, dem kurz abgerundeten Messer der Bergleute – daher der Name. Auf Voranmeldung kann man diese typische Mahlzeit sogar unter Tage in einem der Besucherbergwerke einnehmen, etwa im Rammelsberg bei Goslar (s. S. 27).

Eine wahre Delikatesse ist die **Forelle**, die sich in den Quellbächen und kühlen, sauerstoffreichen Flüssen des Harzes wohl fühlt. Sie wird in vielen Restaurants ›blau‹ aus dem Sud, gebacken, gebeizt oder geräuchert serviert.

Die süffigen Biere aus regionaler Produktion passen eigentlich immer zur Mahlzeit. Weit verbreitet sind die Bockbier- und Pilsspezialitäten des *Einbecker Brauhauses*. Auch *Lübbe* in Wernigerode oder das *Goslarer Brauhaus* mit seinem Gosebier produzieren schmackhaften Gerstensaft.

Harzer Roller mit Zwiebeln – der perfekte Imbiss nach einer langen Wanderung

Als Nachtisch bietet sich besonders in der Region um Altenau ein **Windbeutel** an. Das rundliche, luftige Gebäck ist gefüllt mit Sahne- oder Quarkcreme und verschiedenen Früchten.

Ein nahrhaftes Essen verlangt gelegentlich nach einer Verdauungshilfe, kein Wunder, dass hochprozentige Erzeugnisse aus der Harzregion auch überregional bekannt sind. Zu den Spezialitäten gehören der Likör Schierker Feuerstein und verschiedene Kornbrände, etwa aus Nordhausen und Nörten-Hardenberg.

Feste und Feiern

Feiertage

Die in diesem Band beschriebenen Orte verteilen sich auf die Bundesländern Niedersachsen, Sachsen-Anhalt und Thüringen. Entsprechend variieren die Feiertage.

1. Januar (Neujahrstag), 6. Januar (Heilige Drei Könige, nur Sachsen-Anhalt), Karfreitag, Ostermontag, 1. Mai (Maifeiertag), Christi Himmelfahrt (Mai), Pfingstmontag, 3. Oktober (Tag der Deutschen Einheit), 31. Oktober (Reformationstag, nur Sachsen-Anhalt und Thüringen), 25./26. Dezember (1./2. Weihnachtsfeiertag).

Feste und Feiern

Februar

Stolberg: (1. Sonntag) *Winterfest am Josephskreuz*. Spiel und Spaß im Schnee für die ganze Familie auf dem Großen Auerberg.

Wildemann: *Setzbügeleisen-Eisschießen*. Es winken diverse Pokale und der Titel des deutschen Meisters im Setzbügeleisenschießen (www.setzbuegeleisen-schiessen.de).

März

Duderstadt: *Fastnachtsmarkt*. Buntes Markttreiben zwischen Rathaus und Oberkirche.

April

Im ganzen Harz: *Osterfeuer*.

Quedlinburg: *Kaiserfrühling*. Osterprozession in historischen Gewändern durch die Altstadt (www.kaiserfruehling-quedlinburg.de).

Im ganzen Harz: *Walpurgisnacht*. In der Nacht zum 1. Mai tanzen als Hexen und Teufel verkleidete Schreckensgestalten um die überall lodernden Feuer. Die größten Walpurgisfeste finden in Goslar, Schierke und auf dem Hexentanzplatz von Thale statt.

Mai

Osterode: (3. Wochenende des Monats) *Altstadtfest*.

Juni

Braunlage: (Pfingsten) *Harz-Classics*. Oldtimer-Rundfahrt (www.harz-classics.de).

Wildemann: (Pfingstsonntag) *Viehaustrieb*. Das Harzer Rothvieh darf wieder auf die Weiden, anschließend großes Volksfest.

Sankt Andreasberg: *Wiesenblütenfest*. Der Kuhaustrieb wird mit Melk- und Nagelwettbewerben und sowie einem großen Volksfest gefeiert.

Quedlinburg: (Pfingsten) *Kaiserfrühling*. Beim zweiten Teil des Kaiserfrühlings wird der Einzug Kaiser Ottos des Großen im Jahr 973 nachgespielt (www.kaiserfruehling-quedlinburg.de).

Wernigerode: (Wochenende nach dem 15. Juni) *Wernigeröder Rathausfest*. Konzerte und Kultur auf mehreren Bühnen.

Bad Harzburg: *Gourmettage*. Köstlichkeiten aus Harzer Töpfen und Pfannen im Kurpark.

Juni/Juli

Goslar: (Anfang Juli) Schützen- und Volksfest.

Juli

An wechselnden Orten: *Harzfest*. Größtes Brauchtumsfest der Harzregion mit Kulturprogramm auf mehreren Bühnen (www.harzer-foerderkreis.de).

August

Hasselfelde: *Köhlerfest*. In der Köhlerei Stemberghaus wird mit Bier und deftigen Speisen gefeiert.

Bad Harzburg: *Salz- und Lichterfest*. Konzerte, Kleinkunst und Brauchtum im Glanz von 100 000 Lichtern.

September

Altenbrak: (1. Sonntag) *Harzer Jodlerwettstreit*.

Halberstadt: (1. Wochenende) *Altstadtfest* (www.altstadtfest-halberstadt.de).

Seesen: (1. Wochenende) *Sehusa-Fest*. Größtes Historienfest Norddeutschlands (www.sehusafest.de).

Goslar: (2. Wochenende) *Altstadtfest*.

Märchenhafter Harz

Riesen und Zwerge, Hexen und der Teufel, Prinzessinnen und Göttergestalten bevölkern die reiche Sagen- und Mythenwelt des Harzes. Nicht nur die **Rosstrappe**, wo bis heute ein mächtiger Hufabdruck im Granitfelsen vom gewaltigen Satz des Riesenpferdes zeugt, das mit Brunhilde auf dem Rücken über die tiefe Schlucht gesprungen sein soll hat ihren festen Platz in der Sagenwelt des Mittelgebirges. Auch **Brocken** und **Blocksberg**, die Hohneklippen und die Schnorkelklippen bei Schierke können wie fast jeder andere Stein in den tiefen Wäldern des Harzes geheimnisvolle Geschichten erzählen.

So lebte auf dem **Ilsenstein** die Prinzessin Ilse, die, seit Hexen und Teufel ihre Burg auf dem Ilsestein zerstörten und alle Bewohner unter den Trümmern begruben, als munteres Bächlein das Ilsetal herunterplätschert. Auf dem **Hübichenstein** von Bad Grund hauste lange Jahre ein wohltätiger Zwergenkönig, der Arme und Kranke gelegentlich zu reichen Goldschätzen führte. Seit der Beschießung des Felsens durch kaiserliche Truppen im Dreißigjähren Krieg ward er aber nicht mehr gesehen.

Die **Zwerge**, die viele Märchen aus dem Harz bevölkern, sind typisch für Regionen, in denen Bergbau betrieben wurde: Wer würde beim Anblick der von harter Arbeit gezeichneten, gebückt dahinschlurfenden und früh gealterten Männern, die, in graue Mäntel gehüllt, in die engen Bergwerke krochen, nicht an Zwerge denken? Die weitverbreitete Kinderarbeit im Bergbau mag ebenfalls dazu beigetragen haben, diesen Sagengestalten ihre Kleinwüchsigkeit zuzuschreiben. Der Zwergenkönig Hübichen ist in diesem Zusammenhang übrigens recht untypisch, denn eigentlich sind Zwerge außerordentlich habgierige Gesellen, die das Gold und Silber, das sie dem Berg so mühsam entrungen haben, nie und nimmer mit anderen teilen würden.

Auch die **Venediger** oder Wale, geheimnisvolle, oft mit magischen Fähigkeiten ausgestattete Männer, verdanken ihre Sagenexistenz dem Erzreichtum des Harzes. Diese Gestalten tauchen unter ganz unterschiedlichen Namen in den meisten Bergbauregionen Deutschlands auf. Sie wirkten fremdländisch, beherrschten Drachen und Schlangen, konnten zaubern und entführten ihre nichts ahnenden bäuerlichen Gastgeber gelegentlich sogar in ihre Heimat, eine prächtige Stadt, die man mit Venedig, der während des Mittelalters unbestritten schönsten Stadt Europas, assoziierte. Realer Hintergrund dieser Gestalten waren jene Prospektoren, die tatsächlich von den Kunstschmieden und Glasbläsern Venedigs ausgeschickt wurden, um in der Fremde nach Material für ihre Werkstätten zu suchen.

Solche Geschichten, immer und immer wieder erzählt, mal mit Ausschmückungen versehen oder stark gekürzt, veränderten sich im Laufe der Jahrzehnte und je nach Region, bis sie im 19. Jh. von ›Märchensammlern‹ wie den **Gebrüdern Grimm** aufgeschrieben und in eine ›letztgültige‹ Form gebracht wurden. So sollten die alten Volkssagen dem schleichenden Vergessen entrissen werden, das ihnen wegen der unaufhaltsamen Industrialisierung und der rapiden Landflucht drohte. Märchen galten schon damals häufig als unmodern! Für den Harz leistete **Heinrich Pröhle** mit seinen ›Harzsagen‹ von 1851, was die berühmteren Grimms für ganz Deutschland erreichten. Unermüdlich reiste er durch die Orte des Gebirges, befragte die Menschen und schrieb nieder, was ihm erzählt wurde. Unter www.ebook-bibliothek.org kann man sich diese Sagensammlung übrigens aus dem Internet herunterladen. Sagenhafte Lektüre ist da garantiert!

Furchtlos stürzen sich die Ritter beim Sehusa-Fest von Seesen ins Turnier

Lutherstadt Eisleben: (3. Wochenende) *Eisleber Wiesenmarkt.* Im Mittelalter als Ochsenmarkt entstanden, kommen heute 100 000 Menschen zum Volksfest mit Festumzug und großem Abschlussfeuerwerk (www.wiesenmarkt.de).

Oktober

Burg Falkenstein: (1. Wochenende) *Burgfest.* Gaukler, Musikante und Edle bevölkern die Festung (www.burg-falkenstein.de).

Hahnenklee: (1. Woche der niedersächsischen Herbstferien) *Märchenfest.* Puppentheater und Spiele für Kinder.

Dezember

Im ganzen Harz: *Weihnachtsmärkte.*

Quedlinburg: *Advent in den Höfen.* In 23 sonst hinter dicken Mauern verborgenen Innenhöfen werden Kleinkunst, Speis' und Trank geboten.

Kinder

Kindern wird es im Harz nicht langweilig. Kleine Wasserratten dürften sich besonders für die vielen **Seen** des Oberharzes begeistern, die zwar selbst im Hochsommer etwas kühl sind, aber dennoch reichlich Badespaß versprechen. Beheizte **Freibäder** und Thermen gibt es ebenfalls zuhauf, etwa das Salztal-Paradies in Bad Sachsa, die Sehusa-Therme in Seesen, das Vitamar in Bad Lauterberg oder das Silberbornbad in Bad Harzburg. Rasantes Vergnügen versprechen die Sommerrodelbahnen, die vom Hexentanzplatz und dem Mathias-Schmidt-Berg zu Tal sausen.

Sowohl nostalgisch gestimmte Eltern als auch kleine Kinder werden sich für die **Spielzeugmuseen** in Bad Lauterberg und Goslar begeistern. Im **Märchental** von Bad Grund werden die schönsten deutschen und Harzer Märchen und Sagen mit handgearbeiteten Miniaturen nacherzählt. Ähnlich ansprechend ist der **Märchenwald** von Bad Harzburg.

Allen Eltern, deren Kinder von einer Karriere als Cowboy oder Indianer träumen, sei die **Westernstadt Pullmanncity II** bei Hasselfelde empfohlen. Zur Mittagszeit duellieren sich dort die Revolverhelden, und abends kann man am Lagerfeuer vom Wilden Westen träumen.

Auch manches **Museum** bietet kindgerechte Abteilungen. Eine Multi-Media Show für die kleinen Besucher auf dem

Eine liebevoll nachgebaute Küche en miniature im Puppenmuseum von Goslar

Welfenschloss von Herzberg zeigt Geschichte, spannend verpackt. Durch Kloster Walkenried führen Bruder Conrad und die Klostermaus - so macht die Reise in die Geschichte der Abtei noch mehr Spaß. Auch das Besucherbergwerk Rammelsberg bei Goslar hat sich auf die Bedürfnisse seiner kleinen Gäste eingestellt und bietet spezielle Kinderführungen an.

Klima und Reisezeit

Wie es sich für ein Gebirge gehört, kann das Wetter im Harz sehr unberechenbar sein – allzu rasch treibt der Westwind Regenwolken heran, die sich dann an den Hängen des Oberharzes abregnen. Doch keine Sorge: Auf Regen folgt Sonnenschein, und mit der richtigen Kleidung im Gepäck hat der Harz das ganze Jahr über Saison.

Hauptreisezeit ist der Sommer. Von Juni bis August kann es auf den beliebtesten Wanderstrecken dann recht voll werden– insbesondere natürlich auf den Wegen zum Brocken.

Wanderer schätzen den Mai und die Zeit von September bis Oktober. Frisches Grün im Frühjahr oder herbstliche Farbenpracht – jetzt zeigt sich der Harz von seiner schönsten Seite. Jedoch muss schon ab Oktober mit ersten Vorboten des Winters gerechnet werden, Winterreifen konnen also nicht schaden.

Im Winter, zwischen Dezember und März, hüllt sich das nördlichste Gebirge Deutschlands in ein weißes Kleid. Wanderungen durch die vom Schnee verzauberten Wälder, **Skilanglauf** und einige Abfahrtsstrecken locken dann zu körperlicher Betätigung in der frischen Bergluft.

Klimadaten Braunlage

Monat	Luft (°C) min./max.	Sonnen-std./Tag	Regen-tage
Januar	-5/ 0	2	21
Februar	-5/ 3	3	18
März	-2/ 5	4	16
April	1/ 9	6	17
Mai	5/14	7	16
Juni	8/18	7	15
Juli	11/19	6	18
August	10/19	6	16
September	8/16	5	15
Oktober	4/10	4	17
November	0/ 4	2	19
Dezember	-3/ 1	1	19

Kultur live

Februar

Rübeland: *Rübelander Höhlenfestspiele.* Theater- und Musikaufführungen in der Baumannshöhle (www.harzer-hoehlenfestspiele.de).

Mai

Quedlinburg: *Kunst- und Museumsnacht.* Galerien und Museen öffnen ihre Pforten bis tief in die Nacht.

Sangerhausen: *Chortreffen.* Zwanzig Chöre geben sich im Rosarium von Sangerhausen ein Stelldichein.

Thale: *Beginn der Theatersaison.* Bis September werden Theaterstücke, Musicals, Opern und Kinderstücke in der Freilichtbühne am Hexentanzplatz aufgeführt (www.harzer-bergtheater.de).

Goslar: *Goslarer Tage der Kleinkunst.* Theater, Clownerie, Comedy und Musik (www.kulturkraftwerk.de)

Juni

Quedlinburg: *Musiksommer.* Klassik in der Stiftskirche und andernorts in der Stadt.

Juni–August

Duderstadt: *Kultursommer.* Musik und Tanz im Stadtpark.

Juli

Bad Gandersheim: *Domfestspiele.*Konzerte, Musicals und Operetten vor der Kulisse des romanischen Doms, bis Mitte August (www.gandersheimer-domfestspiele.de).

August

Goslar: *Internationales Musikfest Goslar-Harz.* Klassik und experimentelle Musik (www.musikfest-goslar.de).

Wernigerode: *Wernigeröder Schlossfestspiele* (www.kammerorchester-wr.de)

September

Quedlinburg: *ProVinz-Kunsttage.* Ausstellungen beweisen, dass Kunst in der Provinz nicht provinziell sein muss.

Oktober/November

Goslar: *Kaiserring-Verleihung.*

Seesen: *Wilhelm-Busch-Tage* (alle zwei Jahre, 2008, 2010...). Auftritte bekannter Kabarettisten und Karikaturenausstellungen renommierter Künstler (www.musikkabarett-kleinkunst-seesen.de)

Kuren

In Bad Harzburg, Bad Suderode, Bad Grund oder Bad Gandersheim steht dem Gast ein reiches Angebot an **Kuranwendungen** von Sole- und Moorbädern über Fangopackungen bis zu Massagen zur Verfügung. Die reine Luft im Eisensteinstollen von Bad Grund verhilft besonders Menschen mit Erkrankungen der Atemwege zur Verbesserung ihres Befindens.

Sport

Der Harz ist für jeden, der seine Freizeit aktiv, an der frischen Luft und in herrlicher Natur verbringen will, ein wahres Paradies. Ob allein oder unter Anleitung – immer wird sich das richtige Angebot finden lassen.

Angeln

Wer in den forellenreichen Bächen des Harzes fischen will, braucht einen **Fischereischein** und muss die örtliche **Anglerkarte** erwerben. Saison ist von April bis Oktober.

Besonders empfehlenswert sind die Teiche und Wasserläufe des **Oberharzer Wasserregals** um Clausthal-Zellerfeld und Altenau. Die Angelkarte (1–3 Tage) für die Oberharzer Teiche vertreibt die Tourismusvereinigung Die Oberharzer, Altenau, Hüttenstr. 9, Tel. 053 28/80 20.

Ballonfahrten

Basisstationen sind Goslar oder Salzgitter. Steht der Wind gut, so führt die Reise hoch über die Gipfel und Wipfel des Harzes. Info:

Heiko Rataj, Tel. 0171/809 79 32

Ballonwerbung Braunschweig, Tel. 05 31/77 88 99, www.flieg-mit-mir.de

Gleitschirm- und Drachenfliegen

Wer den perfekten Flug noch nicht beherrscht, kann ihn an den Übungshängen in Goslar, Wernigerode und Bad Harzburg erlernen. Info:

Harzer Gleitschirmschule, Bäringer Str. 31, Tel. 05321/43737, www.paracenter.de

Golf

In der Harzregion können Golfer auf mehreren Plätzen ihrem Hobby nachgehen.

Golfclub Schloss Meisdorf, Petersberger Trift 33, 06463 Meisdorf im Selketal, Tel. 03 47 43/984 50, www.golfclub-schloss-meisdorf.de. Wer auf der gepflegten 18-Loch-Anlage spielen will braucht einen Clubausweis und Platzreife, die Übungsanlage 6 Loch darf jeder bespielen (11 € für zwei Stunden).

Golf-Club Harz, Am Breitenberg 107, Bad Harzburg, Tel. 053 22/67 37. 18-Loch-Anlage, Clubausweis und Platzreife nötig.

Golfplatz Rittergut Rothenberger Haus, bei Duderstadt, Tel. 055 29/89 92, www.golf-ohne-grenzen.de. Gäste mit Clubausweis und Platzreife dürfen die 18- und 9-Loch-Plätze bespielen.

Golf Club Hardenberg, Gut Levershausen, Northeim, Tel. 055 51/90 83 80, www.gchardenberg.de. Die zwei Plätze mit je 18 Löchern können auch von Gästen mit Clubausweis und Platzreife bespielt werden. Der Public Course mit 9 Löchern steht auch Anfängern ohne Clubmitgliedschaft und Handicap offen.

Klettern

Zu den markantesten Gesteinsformationen des Harzes gehören die **Klippen**, scheinbar aus mehreren Felsen aufgeschichtete Felsmassive. Besondere Herausforderungen bieten Kletterern die Granitfelsen der Schnarcherklippen, Vogelklippen und die Feuersteinklippen bei Schierke. Info:

Basislager Brocken, Mühlenweg 1, Tel. 0294 55/515 46, www.dav-basislager-brocken.de. Kurse an der Kletterwand, auch für Kinder ab 7 Jahren, geführte Touren. Im Winter auch Eisklettern (ab 18 Jahre).

Bestens gesichert geht es in **Hochseilgärten** über künstliche Hindernisse und schwankende Holzbrücken hinweg. Ein Spaß für die ganze Familie!

Bergsport Arena, Hinterstraße 3, St. Andreasberg, Tel. 055 82/81 54, www.bergsport-arena.de

Skyrope Hochseilpark, Im Kalten Tal, Bad Harzburg, Tel. 055 83/93 90 34, www.skyrope.de

Laufen

Klare Luft und herrliche Landschaft laden im Harz zu ausgedehnten Jogging-Touren. Wer sich mit anderen Sportlern messen will, dem sei der anspruchsvolle **Brockenlauf** (27 km, 1. Samstag im Septem-

Klare Luft und weite Sicht – mehr braucht der Wanderer nicht zum vollkommenen Glück

ber, www.brockenlauf.de) von Ilsenburg zur Brockenkuppe empfohlen. Auch der **Harz-Gebirgslauf** (2. Samstag im Oktober, www.harz-gebirgslauf.de) ab Wernigerode, dessen Marathonstrecke ebenfalls über den Brocken führt, stellt hohe Anforderungen an die Teilnehmer.

Mountainbike

Mit stolzen 1700 km ausgewiesenen Wegen über Stock und Stein ist der Harz eine exzellente Destination für Mountainbiker. Sogar einige Pisten durch den Nationalpark wurden von der Nationalparkverwaltung für das Streckennetz der **Volksbank Arena** freigegeben. Man erkennt die Routen an einem Piktogramm, das, wie könnte es anders sein, einen Radfahrer zeigt. Zu den schönsten Touren zählen der *Wolf's Trail* (21 km, 621 Höhenmeter) ab Altenau, *Himmel und Hölle* (54 km, 1778 Höhenmeter) ab Lautenthal und die *Große Oberharz-Tour* (41 km, 882 Höhenmeter), die in Sankt Andreasberg startet. Die Pisten sind entsprechend der unterschiedlichen Schwierigkeitsgrade von leicht bis schwer mit Blau, Rot oder Schwarz markiert. Info:

Harz Agentur, Tel. 053 23/98 24 60, www.volksbank-arena-harz.de, auch mit GPS-Angaben zum Download, Tourbook ›Der Harz für Mountainbiker‹

Der **Racepark** von Schulenberg bietet einen Parcour mit mehreren Downhill-Strecken. Ein Lift bringt die Biker bequem zum Startpunkt der verschiedenen Pisten zurück. Info:

Racepark, Schulenberg, Tel. 053 29/282, www.racepark.de

Nordic Walking

In der *Nordic Walking Arena* von **Altenau** am Sport-und-Spaß-Center auf dem Glockenberg, auf den im *Nordic Fitness Park* um **Blankenburg** ausgewiesenen Routen oder um **Thale**, wo die Wege entweder am Parkplatz an der Roßtrappe oder auf dem Hexentanzplatz beginnen, können Nordic Walker ihrer Sportart besonders gut nachgehen. Die örtlichen Tourismusbüros bieten Kurse an.

Reiten

Das Glück liegt auf dem Rücken der Pferde – dieser Satz gilt auch im Harz. Besonders im Vorland gibt es einige Gestüte, die auch Reitkurse anbieten. Frühzeitige Anmeldung (ca. 4–5 Monate vor Urlaubsbeginn) ist ratsam. Info:

Reiterhof Mühlental, Im Friederikental 3, Wernigerode, Tel. 039 43/241 44, www.reiterhof-wernigerode.de.

Gut Drebsdorf, Gutshof 35, Drebsdorf im Südharz, Tel. 03 46 56/56 00, www.gut-drebsdorf.de

Kalles Reiterhof, Wernigeröder Str. 6, Benneckenstein, Tel. 03 94 57/23 81

Reiterhof Pilger, Gartenhaus 1, Meisdorf, Tel. 03 47 43/81 64, www.reiterhof-pansfelde.de

Reiterhof Böhme, An der Wippraer Str., Sangerhausen, Tel. 034 64/57 04 80

Sportveranstaltungen

Januar/Februar

Hasselfelde, Benneckenstein, Clausthal-Zellerfeld, Tanne: *Schlittenhunderennen.*

Februar

Braunlage: *Continental Cup Skispringen* (www.coc-ski.com).

Die 300 m lange Rodelbahn in Torfhaus trägt den treffenden Namen ›Brockenblick‹

Mai

Altenau: *Harzer Mountainbike Event:* Lizenz- und Hobbyrennen durch die Wälder um Altenau (wwww.mountainbike.harz.de).

Juli/August

Bad Harzburg: *Galopprennwoche.* 10 Tage lang messen sich Pferd und Reiter (www.harzburger-rennverein.de)

Wandern

Die Vielzahl der Wanderwege im Harz ist schier unüberschaubar, gemein ist allen, dass sie hervorragend ausgeschildert und bestens gepflegt sind. Einige der schönsten Touren werden in diesem Band beschrieben. Die Karte *Wandern im Harz* (1:50 000) ist ebenfalls ein zuverlässiger Begleiter. Sie ist bei Fremdenverkehrsämtern und in Buchhandlungen erhältlich. Auch Wanderurlaub ohne Gepäck ist im Harz möglich. Info:

Wandern im Harz, Unter den Linden 22, 38667 Bad Harzburg, Tel. 053 22/55 34 09, www.wandern-im-harz.de.

Wintersport

Vor allem **Skilangläufer** sind im Harz bestens aufgehoben. Rund um Braunlage, Sankt Andreasberg, Bad Lauterberg oder Altenau sind im Winter viele Loipen gespurt. Der jährlich neu erscheinende *ADAC WinterGuide Nordic Fitness* informiert ausführlich über die schönsten Langlaufregionen im Harz.

Alpine Skifahrer finden am Wurmberg bei Braunlage, am Bocksberg bei Hahnenklee oder an den Hängen bei Drei Annen Hohne gute Bedingungen.

Am Matthias-Schmidt-Berg und dem Sonnenberg bei Sankt Andreasberg hat man sich insbesondere auf **Snowboarder** eingestellt, ebenso im Ski Alpinum Schulenberg mit seinem Funpark.

Spaß für die ganze Familie versprechen die **Rodelbahnen** von Schierke, Bad Sachsa oder Bad Grund. Die Rodelbahn Torfhaus bei Altenau verfügt sogar über einen Lift und die Abfahrt bei Wildemann ist nachts beleuchtet, ebenso wie die Rodelwiese im Teichtal von Sankt Andreasberg.

Wer **Schlittschuh laufen** will, der kann dies ganzjährig in den Eissporthallen von Altenau, Braunlage oder Wernigerode tun. Im Winter sind die Natureisflächen in Bad Lauterberg, Hahnenklee, Hohegeiß, Schierke oder Wildemann besonders stimmungsvoll.

Schneetelefon: Tel. 053 21/200 24

Statistik

Lage: Der Harz mit seinem Vorland liegt zwischen Hannover und Magdeburg im Norden und Göttingen im Süden.

Verwaltung: Der Harz verteilt sich auf drei Bundesländer, nämlich Niedersachsen, Sachsen-Anhalt und Thüringen. Zu Niedersachsen gehören die Landkreise Goslar und Osterode, zu Sachsen-Anhalt die Landkreise Harz und Mansfeld-Südharz, zu Thüringen schließlich der Landkreis Nordhausen.

Einwohnerzahl: Im Harz und an seinem unmittelbaren Rand leben etwa 600 000 Menschen, rechnet man das weitere Harzvorland hinzu, so kommt man auf knapp 900 000 Einwohner. Besonders die Landkreise in Sachsen-Anhalt leiden unter erheblicher Abwanderung. Lebten dort 2004 noch etwa 422 000 Menschen, so sollen es 2015 nur noch 368 000 sein.

Wirtschaft: Wegen der deutschen Teilung war der Harz von 1945 bis 1989 unmittelbare Grenzregion, was für die wirtschaftliche Entwicklung nicht eben förderlich war. Vom Bergbau, der die Wirtschaft der Region fast 1000 Jahre dominierte, sind lediglich einige Steinbrüche geblieben. Arbeiteten zu DDR-Zeiten z.B. noch 36 000 Menschen im *Mansfeld Kombinat*, so sind es mittlerweile nur noch etwa 1000 in einem Nachfolgebetrieb. Ähnlich drastisch war der Arbeitsplatzabbau in vielen anderen Betrieben. Besonders in den sachsen-anhaltinischen Landkreisen ist die Arbeitslosenrate daher mit etwa 23 % (2006) sehr hoch. Heute bildet insbesondere im Oberharz der Tourismus den wichtigsten Wirtschaftszweig. Insgesamt kommen die Beherbergungsbetriebe der Harzregion auf etwa 10 Mio. Übernachtungen im Jahr (2005).

Unterkunft

Knapp 70 000 Betten bieten die Hotels, Gasthäuser, Pensionen, Ferienwohnungen und Privatzimmer in der weiteren Harzregion. Der Harzer Verkehrsverband (s. S. 127) und die Tourismusbüros vor Ort informieren gern über das vielfältige Angebot. Eine Auswahl empfehlenswerter Unterkünfte finden sich im Hauptteil unter *Praktische Hinweise*.

Camping

Etwa 40 Campingplätze verteilen sich über den Harz. Eine detaillierte Beschreibung vieler dieser Plätze bietet der jährlich aktualisierte **ADAC Camping Caravaning Führer**, Band Deutschland/Nordeuropa (auch als CD-ROM, wwww.adac.de/camping), der im Buchhandel oder bei den ADAC-Geschäftsstellen erhältlich ist. Besitzer von Wohnmobilen informiert der ADAC Stellplatzführer.

Jugendherbergen

Wer Mitglied des Deutschen Jugendherbergswerkes ist, kann unabhängig vom Alter in einem der 17 Häuser im Harz übernachten. Info:

Deutsches Jugendherbergswerk, Bismarckstr. 8, 32756 Detmold, Tel. 052 31/740 10, Fax 052 31/74 01 49, www.jugendherberge.de

Hotels

Neben einem breiten Angebot von Unterkünften mit einfachem und mittlerem Komfort ist in den letzten Jahren eine Vielzahl neuer Hotels entstanden, die auch anspruchsvolle Gäste und ihr Bedürfnis nach einem ergänzenden Wellnessangebot zufrieden stellen.

Wanderheime

Günstige Quartiere bieten die vier Wanderheime des Harzklubs in Bad Lauterberg, Sankt Andreasberg-Sonnenberg, Altenau-Torfhaus und in Wildemann. Info:

Harzklub, Bahnhofstraße 5a, Clausthal-Zellerfeld, Tel. 053 23/817 58, www.harzklub.de.

Gleiches gilt für die Naturfreundehäuser in Bad Harzburg, Bad Lauterberg, und Sankt Andreasberg. Info:

Naturfreunde Deutschlands e.V., Warschauer Str. 58 a, 10243 Berlin, Tel. 030/29 77 32 60, www.naturfreunde.de.

Verkehrsmittel

Bahn

Die Züge der **Harzer Schmalspurbahnen** steuern von Wernigerode, Quedlinburg und Nordhausen aus zahlreiche Orte im Ober- Unter- und Südharz an (s. S. 69).

Bus

Wer eine Zielwanderung unternehmen will, für den mag es sinnvoll sein, sich vorher über Busverbindungen zurück zum Ausgangsort zu erkundigen. Dabei gilt es zu beachten, dass viele Busunternehmen nur innerhalb eines bestimmten Landkreises verkehren. Infos:

Regionalbus Braunschweig, Geschäftsstelle Goslar, Tel. 053 21/343 10, www.rbb-bus.de

Kraftverkehrsgesellschaft Braunschweig, Bismarckstr. 10, Bad Harzburg, Tel. 053 22/520 17

Nahverkehrsservice Sachsen-Anhalt, Am Alten Theater 6, Magdeburg, Tel. 03 91/536 31-0 www.nasa.de).

Verkehrsgesellschaft Südharz, Riestedter Str. 41, Sangerhausen, Tel. 034 64/27 88 60

Register

A

Achtermannshöhe 91
Albrecht der Bär **70**
Albrecht von Regenstein 53
Alexisbad 14, 72
Altenau **95–97**, 118
August von Braunschweig-Wolfenbüttel, Herzog 34

B

Bad Frankenhausen 13, 81, 84, 98, 119
Bad Gandersheim 12, 29, **121–123**
Bad Grund 15, 28, **106–108**
Bad Harzburg 13, 14, 32, **33–35**
Bad Lauterberg 86, **113–114**
Bad Sachsa **114–115**
Ballenstedt **70–71**
Baselitz, Georg 26
Bauernkrieg 13, 36, 81, 84, 98, 119
Baumannshöhle **60–61**
Benneckenstein **117–118**
Bergbaumuseum Lautenthals Glück 105
Besucherbergwerk 19-Lachter-Stollen 105
Besucherbergwerk Aufrichtigkeit und Scholmzeche 113
Besucherbergwerk Büchenberg 61
Besucherbergwerk Drei Kronen und Ehrt 61
Besucherbergwerk Grube Samson 28, 86, 94
Besucherbergwerk Rabensteiner Stollen 78
Besucherbergwerk Röhrigschacht 82
Besucherbergwerk Schacht Knesebeck 28
Beuys, Joseph 10, 26
Bismarck, Otto von 42
Bismarckklippe 38
Blankenburg **57–60**
Bocksberg 102, 103
Bode 50, 64, 65
Bodetal 6, **64**, **65**, 118
Bodewerk 61
Bonaparte, Jérôme 40
Bonaparte, Napoleon 40
Bonifatius, hl. 12
Braunlage 6, 15, **91–93**
Brocken 6, 37, 38, 66, 86, **88–90**
Brockenbahn 86
Burg Anhalt **73**
Burg Falkenstein 13, 57, **73**, 126
Burg Regenstein **58–59**
Burg Scharzfels 112
Busch, Wilhelm 30

C

Cage, John 10, 47, 48
Cherusker 12
Chlodwig I., König 12
Christo, Jean Claude 27
Clausthal-Zellerfeld 6, 37, 86, **98–101**, 118
Bergapotheke 99
Harzer Klöppelmuseum 101
Kaiser-Wilhelm-Schacht 101
Kunsthandwerkerhof 100
Marktkirche zum Heiligen Geist 100
Mineraliensammlung 100
Oberharzer Bergwerksmuseum 99–100
St. Salvatoris 98–99
Cranach, Lucas 99

D

Dreißigjähriger Krieg 14, 19, 34, 40, 44, 49, 82, 98, 102, 123
Dreysse, Wolfgang 50
Drittes Reich 20
Drube, Willy 87
Drübeck, Kloster 38
Duderstadt **124–126**
Dürer, Albrecht 99

E

Eike von Repgow 13, **73**
Einhornhöhle 112
Elend 87, 118
Ernst, Max 26
Erxleben, Dorothea Christiana 14
Europa-Rosarium 15, 80

F

Feininger, Lyonel 53
Finkenmanöver 117–118
Friedrich I. Barbarossa, Kaiser 13, 14, 23, 24, 81, 111
Friedrich II., Kaiser 77
Frühling, Carl 42

G

Gang nach Canossa 13
Gernrode 57, **67–69**, 126
Gleim, Johann Wilhelm Ludwig 46, 47
Goethe, Johann Wolfgang von 6, 14, 19, 27, 37, 47, 87, 89, 90
Goetheweg 96
Goldene Aue 81
Goslar 8, 9, 12, 13, 14, **18–29**, 37, 90, 98, 100, 103, 118, 127
Brusttuch 22–23
Goslarer Stadtmuseum 21–22
Hospiz zum Großen Heiligen Kreuz 23
Huldigungssaal 9, 19
Kaiserpfalz 9, 23–25
Kaiserringhaus 21
Kaiserworth 9, 21
Klauskapelle 25
Kleines Heiliges Kreuz 25–26
Liebfrauenberg 24
Mönchehaus-Museum 10, 26
Musikinstrumente- und Puppenmuseum 23
Neuwerkkirche 26
Rammelsberg 19, 20
Rathaus 21
Siemenshaus 25
St. Cosmas und Damian 21
St. Jakobi 26
St. Peter und Paul 25
St. Simon und Judas 23
Stephanikirche 26
Zinnfigurenmuseum 26
Grenzland Museum Eichsfeld 126
Grenzlandmuseum Tettenborn 115
Großer Auerberg 57, **75**
Großer Knollen 111
Grube Glasebach **72**
Güntersberge **62**
Gustav II. Adolf, König von Schweden 102

H

Hahnenklee 102–103
Halberstadt 11, 13, 18, 36, **44–48**, 127
Berend-Lehmann Museum 47
Gleimhaus 46–47
Heineanum 46
Holzmarkt 44
Liebfrauenkirche 47
Martinikirche 44–45
Moritzkirche 47
Petershof 47
Rathaus 44
St. Burchardi 47, 48
St. Stephanus und St. Sixtus 45–46
Stadtmuseum 46
Hanse 49
Hanskühnenburg 111
Hardenberg, Friedrich Freiherr von 85
Hardenberg, Georg Philipp Friedrich von 14
Harly, Wald 32
Harzburg 33, 34
Harzer Bergtheater Thale 64
Harzer Hexenstieg 66
Harzer Jodlerfest 65
Harzer Rotvieh 104
Harzer Schmalspurbahn 69
Harzfalkenhof 114
Harzgerode **71–73**
Harzköhlerei Stemberghaus **63**
Harzquerbahn 40, 43
Hedwig von Sachsen, Äbtissin von Quedlinburg 49
Heine, Ferdinand 46
Heine, Heinrich 6, 14, 37, 89
Heinrich der Löwe 13, 111
Heinrich I., König 12, 49, 52, 53, 77
Heinrich II., Kaiser 13, 18, 36
Heinrich III., Kaiser 13, 23, 25
Heinrich IV., Kaiser 13, 33, 34, 123
Heinrich V., Kaiser 13
Heinrich-Heine-Weg 37

Heinrichshöhe 38
Heinz Sielmann Natur Erlebniszentrum 126
Herrmannshöhle **61**
Herzberg 7, 86, **111**
Hettstedt **85**
Hexenstieg 6
Hexentanzplatz 57, **64–65**, 90, 118
Hexenverfolgung 90
Hildesheim, Grafen von 39
Himmler, Heinrich 49
Hohegeiß 118
Höhle Heimkehle 78–79
Huy 44

I

Iberger Tropfsteinhöhle 107
Ilfeld 78
Ilsefälle 38
Ilsenburg 6, 7, **36–39**, 66, 89
Ilsestein 38
Ilsetal 37, 38
Innerste 104

J

Josephskreuz **75–76**

K

Kaiserring 23
Kaiserweg 34
Kalte Bode 86, 88
Karl der Große, Kaiser 12, 24, 32
Kästeklippen 97
Kiefer, Anselm 10, 26
Klopstock, Friedrich Gottlieb 47, 53
Konrad II., Kaiser 13, 23
Krodoaltar 22
Kyffhäuser Gebirge 13, 81, 119
Kyffhäuserdenkmal 81, 119
KZ Mittelbau-Dora 15, 77, 79

L

La-Vières-Höhe **66**
Lautenthal 105–106
Lehmann, Berend 47
Lenné, Peter Joseph 70
Liefenberger Vertrag 19
Linke, Paul 102
Liudolf, Herzog von Sachsen 12, 121
Löns, Hermann 39
Luchsschaugehege 35
Ludwig der Fromme, Kaiser 44
Luther, Martin 13, 14, 26, 42, 57, 75, 82, 83, 84, 85
Lutherstadt Eisleben **82–83**

M

Mägdesprung 72, **73**
Mansfeld 82, 85
Mansfelder Land 57, 85
Matthias-Schmidt-Berg 94
Mäuseklippen 87
Merowinger 12
Michaelstein, Kloster **58**, 126
Müntzer, Thomas 14, **74**, **75**, 81, 84, 118

N

Nationalpark Harz 15, 86, 92
Nordharzer Schlangenparadies 31
Nordhausen 15, 69
  Altes Rathaus 77
  Dom zum Heiligen Kreuz 78
  Finkenburg 77–78
  Kunsthaus Meyenburg 78
  Nordhäuser Traditionsbrennerei 78
  St. Blasii 78
Northeim **123–124**
Novalis 14, 85

O

Oberharzer Wasserregal 14, 28, 94, 96
Oker 32, 96
Okertalsperre 96–97
Osterode 6, 37, 100, **108–110**
  Alte Burg 108–109
  Altes Rathaus 108
  Erlebnisbad Aloha 110
  Harzkornmagazin 108
  Kornmarkt 108
  Marienkirche 109
  Museum im Ritterhaus 109
  St. Aegidien 108
  St. Jacobi 109
Osterwieck 18, **32–33**, 44, 127
Otto der Große, Kaiser 9, 12, 39, 54, 121
Otto II., Kaiser 29
Otto III., Kaiser 122
Otto von Northeim 13, 123
Ottofels 43
Ottonen 12, 13

P

Panorama Museum 81
Pestalozzi, Johann Heinrich 47
Peter der Große, Zar 37, 89
Petri, Gustav 41
Pieck, Wilhelm **58**
Plessenburg 38
Pröhle, Heinrich 133
Pullmancity II **63**

Q

Quedlinburg 9, 10, 11, 12, 14, 15, 18, **49–55**, **57**, 69, 126, 127
  Brühlpark 55
  Fachwerkmuseum 51–52
  Finkenherd 52
  Glasmuseum 51
  Klopstockhaus 53
  Kornmarkt 51
  Kunst- und Handwerkerhof Q7 51
  Lyonel-Feininger-Galerie 10, 52–53
  Mitteldeutschen Modelleisenbahn- und Spielzeugmuseum 52
  Münzenberg 55
  Rathaus 50
  Schloss 53
  Schlossberg 49, 53–55
  St. Ägidii 51
  St. Benedikti 50–51
  St. Blasii 51
  St. Nikolai 55
  St. Wiperti 55
  Stiftskirche St. Servatius 53–55

R

Rabenklippen 7
Radaufall 35
Rammelsberg 8, 12, 13, 18, 19, 27–28
Rappbodetalsperre **61–62**
Ravensberg 115
Reformation 49
Rhumequelle 111
Riade an der Unstrut 12
Rieder 71
Riemenschneider, Tilman 109
Romkerhaller Wasserfall 97
Roseburg 71
Rosstrappe 57, **65**
Roswitha von Gandersheim 12, 121, 122
Rübeland **60–62**, 66, 118

S

Sachsenburg 114, 117
Sachsenspiegel 13, 73
Salier 13
Sangerhausen 12, 15, **79–82**
Sankt Andreasberg 8, 28, 86, 93–95, 98, 111
Scharzfeld **112–113**
Schierke 6, **86–88**, 90, 118
Schiller, Friedrich 47
Schlacht auf dem Lechfeld 12
Schloss Bündheim 34–35
Schloss Oberwiederstedt 85
Schnitger, Arp 98
Schulenberg 97, 118
Schwiegershausen 110
Seesen **29–31**
Sehusa-Fest 29–30
Selke 6
Selketal 69, **72–73**
Selketal-Stieg **62**
Selketalbahn 50
Sieber 111
Siemens, Werner von 25
Ski- und Bikezentrum Alpinum 97
Soiegelberge 44
Spengler, Gustav Adolf 80, 82
St. Burchardi 15
Steinerne Renne 43
Steinweg, Familie 30
Stiege **62–63**
Stolberg 9, 13, 14, 57, **74–76**, 81, 118
Stolberg-Wernigerode, Graf Otto von 42
Straßberg **72**
Straße der Romanik 38, 54
Sulinge, Dietrich von 23

T

Talsperre Wendefurth 62
Teufelsmauer 60
Thale 6, 57, **64–67**, 90
Thyra 9, 57, 74
Tierpark Hexentanzplatz 64

Tilling, Johannes 23
Torfhaus 66, 89, 96
Treseburg 118
Tübke, Werner 81, 98

U

Ulrichs, Arthur 91
Uttendrup, Hans Thon 83

V

Vienenburg **32**

W

Walkenried 66, 77, 86, 115–117
Walpurgisnacht 90
Wanderungen 35, 37–38, 43, **65–67**, **72**
Werckmeister, Andreas 117
Wernigerode 9, 11, 13, 18, **39–43**, **57**, 69
  Café Wien 41
  Harzmuseum 41
  Ilsenburg 41
  Kleinstes Haus 41
  Klint 39, 41
  Krummel'sches Haus 41
  Liebfrauenkirche 41
  Museum für Luftfahrt und Technik 42
  Rathaus 40, 41
  Schloss Wernigerode 42
  St. Johannis 41–42
  St. Sylvestri 41
  Wernigeröder Kunst- und Kulturverein 41
Widukind, Herzog von Sachsen 12
Wildemann 8, 9, **104–106**
Wildenstein, Volkmar von 26
Wildvogelstation Osterode 110
Wilhelm I., Kaiser 14, 24, 40, 81
Wilhelm II., Kaiser 40
Winnig, August 58
Wohltäterbrunnen 40–41
Wöltingerode, Kloster 32
Wurmberg 6, 91

Z

Zweiter Weltkrieg 20, 44, 109, 124

Impressum

Lektorat und Bildredaktion: Thomas Paulsen
Karten: Computerkartographie Carrle, München
Gestaltung, Layout und Herstellung: Martina Baur
Druck, Bindung: Druckerei Uhl, Radolfzell
Printed in Germany

Ansprechpartner für den Anzeigenverkauf:
Kommunalverlag GmbH & Co KG,
MediaCenterMünchen, Tel. 089/92 80 96–44

ISBN 978-3-89905-529-0
ISBN 978-3-89905-539-9

Gedruckt auf chlorfrei gebleichtem Papier

Erste Auflage 2007

Bildnachweis

Umschlag-Vorderseite: Stolberg, die Thomas-Müntzer-Stadt im Südharz. *Foto: Mauritius, Mittenwald (Mehlig)*
Umschlag-Vorderseite Reiseführer Plus: Fachwerkarchitektur in Quedlinburg. *Foto: laif, Köln (Daams)*

Titelseite
Oben: Die Feigenbaumklippen über dem Okertal (Wh. von S. 119)
Mitte: Ritter beim Sehusa-Fest (Wh. von S. 30)
Unten: Die Kaiserworth am Marktplatz von Goslar. *Foto: Bildagentur Huber, Garmisch-Partenkirchen (Gräfenhain)*

AKG, Berlin: 12, 13 (2), 14, 15, 81, 84, 133 – *Domschatzverwaltung Halberstadt:* 10 Mitte, 46 – *Fan und Mross, Lüneburg:* 7 oben, 8 unten, 27 oben, 138 (Elert), 49, 61, 64, 66, 78 (Lubenow), 8, 124 Mitte (N.N.) – *Ralf Freyer, Freiburg:* 90, 134 – *Hartmuth Friedrichsmeier, Hamburg:* 7 Mitte, 16/17, 40, 45, 68 oben, 71 unten, 85 (Schütze/Rodemann), 4, 60 (Mendzigall), 82, 125 (Spitta) – *Ottmar Heinze, Hamburg:* 59 unten, 75 – *Huber Bildagentur, Garmisch–Partenkirchen:* 6/7, 10 unten, 24/25, 35, 36, 38, 86/87, 88/89, 89, 93, 104/105, 113, 115, 119 137 (Gräfenhain), 8/9 (R. Schmid), 58, 67 (Mehlig), 66 (Krammisch), 68 unten, 77 (Szyszka), 72, 98, 101, 111, 114 oben (Damm) 96 (N.N.) – *IFA, Ottobrunn:* 81 (Hahn), 92 unten (Steinberger) – *Roland Irek, Seelze:* 20, 22 oben, 76 unten, 95, 102, 107 unten, 108 – *Karl Johaentges, Hannover:* 10 oben, 21, 23, 24, 27, 30 (2), 32, 33, 34, 37, 41, 43, 47, 48, 52 oben, 62, 65 unten, 70, 73, 76 oben, 80, 91, 94, 100 unten, 105, 106, 112 unten, 114, 116 oben, 117, 127, 131 (2), 134 oben – *Thomas Kliem, Kalkar:* 63, 69, 71 oben, 83, 109 unten, 123 – *KZ-Gedenkstätte Mittelbau–Dora, Nordhausen:* 79 (Jürgen M. Pietsch)– *Mauritius, Mittenwald:* 11 (Rainer Waldkirch), 74 (Manfred Mehlig) – *Picture Alliance, Frankfurt:* 15, 144, 59 oben (ZB, N.N.), 56 (ZB, Mathias Bein), 50 (Bildagentur Huber, Mehlig), 103 (Bildagentur Huber, Damm), 65 oben (dpa), 109 oben (HB-Verlag) – *Portal zur Geschichte, Bad Gandersheim:* 122 – *Stadt Bad Gandersheim:* 120 – *Transit, Leipzig:* 22 unten, 54, 92 (oben) – *Hanna Wagner, Wörth:* 18/19, 26, 29, 31, 39, 57, 97 (2), 99, 100 oben, 107 oben, 112 oben, 130 – *Zisterziensermuseum Walkenried:* 116 unten

Osterode am Harz

historisch & sehenswert

Deutsche Fachwerk Straße

- Historische Stadt- und Themenführungen
- Schöne Stadtmauer mit „Alter Burgruine"
- Autofreier Shoppingmarkt im Fachwerkambiente
- Museum im Ritterhaus mit Führungen und Veranstaltungen

gastfreundlich & traditionell

- 9 Hotels, 13 Pensionen/Privat & 71 Ferienwohnungen/-häuser
- modernes Jugendgästehaus & 3 Campingplätze
- Altstadtfest „Drei freundliche Tage", Jazz-Festival, Rock Harz Open Air, Kirchenkonzerte, Schützen- und Folklorefeste, Märkte, Weinfest im Ritterhaus
- Geführte Motorrad-Touren und ausgewiesene, innenstadtnahe Motorrad-Parkplätze

ALOHA
AQUA-LAND OSTERODE AM HARZ

natürlich & reizvoll

Harzer-Hexen-Stieg

- Pauschalprogramme für Ihre Wanderung auf dem Harzer-Hexen-Stieg, angeln, reiten, Nordic Walking und Südharzer Mountainbike Park
- Wanderführungen in der Südharzer Gipskarstlandschaft und entlang der Eisensteingruben
- Rundwanderweg um den Sösestausee mit Fischereilehrpfad
- Erfrischend und entspannend: Das ALOHA mit großem Wellnessbereich

Stadt Osterode am Harz • Touristen-Information
Dörgestraße 40 • Telefon: (0 55 22) 318 -360
www.osterode.de • touristinfo@osterode.de